처음 시작하는

청춘
일본어

강경자 지음

KB188562

어렵지 않아요!

다락원

NEW 처음 시작하는

청춘 일본어

지은이 강경자
펴낸이 정규도
펴낸곳 (주)다락원

초판 1쇄 발행 2024년 10월 20일

책임편집 송화록, 손명숙
디자인 장미연, 박보희, 김희정
일러스트 김희선
사진제공 Shutterstock

 다락원 경기도 파주시 문발로 211
내용문의: (02)736-2031 내선 460~465
구입문의: (02)736-2031 내선 250~252
Fax: (02)732-2037
출판등록 1977년 9월 16일 제406-2008-000007호

ISBN 978-89-277-1298-5 13730

http://www.darakwon.co.kr

• 다락원 홈페이지를 방문하시면 상세한 출판정보와 함께 동영상 강좌,
   MP3자료 등 다양한 어학 정보를 얻으실 수 있습니다.

들어가는 글

요즘은 '평생교육'과 같은 키워드가 말해주듯, 많은 사람들이 연령에 관계없이 자기 계발이나 취미 생활을 위해 어학 공부를 즐기는 시대가 되었습니다. 하지만 시중에 나와 있는 어학 교재의 대부분은 입시나 취업, 직장생활에 필요한 것을 배우는 것이 많다보니, 막상 중장년층 이상이 쉽고 편하게 다가갈 수 있는 책이 그리 많지 않습니다. 일본어의 경우 중장년층이 가장 쉽게 접근할 수 있는 언어임에도 불구하고 본격적으로 공부하기를 원하시는 분들에게 권할 수 있는 교재를 찾기 어렵습니다. 구성이나 내용 면에서 젊은 층을 대상으로 한 교재가 많고, 중장년층의 관심 분야나 중장년층에게 필요한 어휘들이 없는 경우가 많습니다. 이 때문에 중장년층 이상인 분들은 평생교육원이나 문화센터, 주민센터와 같은 곳에서 일본어를 배우실 때 교재로 인한 어려움을 종종 호소하시는 것을 보았습니다. 글자가 너무 작거나 내용이 너무 어렵거나 하는 등의 애로사항이었습니다.

이 책은 이와 같은 애로사항을 덜어드리고자 기획된 중장년층을 위한 일본어 교재입니다. 일본어를 전혀 모르시는 분들을 비롯하여, 예전에 일본어를 한 번쯤 접해 보셨던 분들이 옛 기억을 더듬어가며 새로운 마음으로 일본어를 공부하시고자 할 때 이 책을 권해드립니다.

이 책은 가나 읽기, 쓰기부터 시작하여 기초 문법을 다지고 이를 응용한 회화 연습에 이르기까지, 왕초보이지만 문법과 회화를 동시에 잡을 수 있도록 쓰여졌습니다. 또한 각 과의 마지막 부분에 나와 있는 쉬어가기 코너에서는 일본의 문화와 언어 표현과 관련된 여러 에피소드나 정보를 실었습니다. 어학만이 아니라 일본 문화와 사회에 대한 궁금증이 많으신 분들을 위해 마련한 코너입니다. 무엇보다 큰 활자로 가독성을 높여 글자가 잘 보이지 않는 분들을 위한 배려도 잊지 않았습니다. 또한 워크북에서는 일본어 문자(히라가나, 가타카나) 및 단어, 문장 쓰기 노트를 제공함으로써 따로 노트를 사지 않고도 충분한 쓰기 연습을 할 수 있도록 하였습니다. 무엇보다 이 책의 예문이나 내용이 어르신들이 동감할 수 있는 내용이 되도록 눈높이를 맞추었습니다.

아무쪼록 이 교재를 통해 많은 중장년 어르신들이 신나고 알차게 일본어를 공부해 나가시면서 일본어 공부의 즐거움을 마음껏 누리시게 되길 바랍니다.

저자 강경자

이 책의 특징

왕초보에게도 어렵지 않습니다.

이 책은 일본어를 한 번도 배운 적이 없거나 예전에 일본어를 한 번쯤 접해 보셨던 분들이 옛 기억을 더듬어가며 새로운 마음으로 일본어를 공부하려는 왕초보를 위한 책입니다. 일본어 문자인 히라가나와 가타카나의 읽기, 쓰기와 발음부터 기초 문법, 기초 문법을 응용한 간단한 회화까지, 왕초보지만 문법과 회화를 동시에 학습할 수 있습니다. 많은 내용을 담기보다는 중장년층에 꼭 필요한 내용과 어휘를 중심으로 구성되어 있고, 각 과의 마지막에 일본 문화와 언어 표현과 관련된 여러 에피소드를 소개하는 〈쉬어가기〉 코너를 두어 일본의 매력에 빠지게 될 것입니다.

읽기 쉽게 한글로 발음 달았습니다.

일본어를 읽기 쉽게 한글로 발음을 달았습니다. 먼저, 한글 발음을 보고 익힌 후, 정확한 발음은 원어민이 녹음한 음원을 들으면 확인해 주세요.

다양한 학습자료를 제공해서 복습하기 좋습니다.

〈한눈에 보는 문법 정리표〉로 각 과에서 배운 문법을 정리하고, 〈한눈에 보는 단어장〉을 통해 각 과에서 나온 단어를 정리합니다. 또한 〈생각보다 쉬운 여행 일본어〉를 통해 꼭 필요한 여행 일본어를 학습합니다. 그리고 워크북으로 〈일본어 문자 쓰기〉와 〈단어 쓰기 및 문장 쓰기〉을 제공해서 일본어 문자인 히라가나, 가타카나와 주요 단어, 문장을 쓰면서 복습합니다.

다락원 홈페이지로 바로 가기
스마트폰으로 왼쪽 QR 코드를 찍으시면 다락원 홈페이지로 바로 연결됩니다.
컴퓨터에서는 인터넷 주소창에 darakwon.co.kr을 입력하거나 포털사이트에서
'다락원'으로 검색하세요.

이 책의 구성

첫째 마당   먼저 알아두기 (일본어 문자와 발음)

본격적으로 공부하기에 앞서 미리 알아두어야 할 일본어 문자와 발음을 담았습니다. 히라가나와 가타카나의 오십음도, 청음, 탁음, 반탁음, 요음, 촉음, 발음, 장음 등 일본어의 가장 기본이 되는 문자와 발음을 통해 일본어의 기초를 익힙니다.

둘째 마당   수업하기

총 13과의 수업에서 기초 문장 52개를 통해 일본어의 기본적인 말하기 공식을 익힙니다. 주요 문법 사항을 배우는 〈문법 익히기〉, 학습한 문법을 다양한 단어와 표현으로 활용하는 〈말해보기〉, 문제를 풀면서 배운 내용을 점검하는 〈확인하기〉, 마지막으로 일본의 문화와 언어 표현과 관련된 흥미로운 에피소드를 실은 〈쉬어가기〉를 읽으면서 잠깐 쉬어 갑니다.

셋째 마당   더 알아두기

좀 더 공부하려는 분들을 위한 보너스 코너입니다. 앞에서 배운 문법 사항을 보기 쉽게 정리한 〈한눈에 보는 문법 정리표〉, 책에서 배운 단어를 찾아보기 쉽게 각 과별로 정리한 〈한눈에 보는 단어장〉, 일본 여행에서 바로 써먹을 수 있는 〈생각보다 쉬운 여행 일본어〉를 실었습니다.

또한 앞에서 배운 일본어 문자와 단어, 문장을 직접 써 보면서 연습하는 **워크북**을 별책부록으로 드립니다.

일러두기

본책에 표시된 Track 표시 🔘 는 MP3 파일의 Track입니다.

일본어 문자와 발음   Track 01~30

제1과 Track 31~35	제6과 Track 53~57	제11과 Track 75~79
제2과 Track 36~39	제7과 Track 58~61	제12과 Track 80~84
제3과 Track 40~44	제8과 Track 62~65	제13과 Track 85~88
제4과 Track 45~48	제9과 Track 66~69	
제5과 Track 49~52	제10과 Track 70~74	

목차

◆ 셋째 마당 _ 더 알아보기

◆ 워크북

히라가나 가타카나 쓰기 노트
단어 쓰기 · 문장 쓰기

첫째 마당

먼저 알아두기

▶ 일본어 문자와 발음

히라가나 (ひらがな)

오십음도−가로 다섯 글자와 세로 10행으로 배열한 일본어 글자표

	あ단	い단	う단	え단	お단
あ행	あ a	い i	う u	え e	お o
か행	か ka	き ki	く ku	け ke	こ ko
さ행	さ sa	し shi	す su	せ se	そ so
た행	た ta	ち chi	つ tsu	て te	と to
な행	な na	に ni	ぬ nu	ね ne	の no
は행	は ha	ひ hi	ふ hu	へ he	ほ ho
ま행	ま ma	み mi	む mu	め me	も mo
や행	や ya		ゆ yu		よ yo
ら행	ら ra	り ri	る ru	れ re	ろ ro
わ행	わ wa				を o
	ん n				

1 청음(清音)

あ행

0-1

あ행은 일본어 기본 모음을 나타내는 행입니다. 우리말 [아, 이, 우, 에, 오]의 모음 발음과 비슷합니다만, う의 발음만 약간 다릅니다. う는 부드럽게 [우]와 [으]의 중간 소리를 내는 것이 좋습니다.

あ [a]	い [i]	う [u]	え [e]	お [o]
あい 사랑	いえ 집	うま 말	えき 역	おや 부모님

か행

0-2

か행은 [k] 발음이 모음과 결합한 행입니다. か행을 읽을 때 우리말의 [가, 기, 구, 게, 고]의 발음이 되지 않게 조심해야 합니다. か행의 글자 위치에 따라 단어 첫 자는 카, [ㅋ] 발음에 더 가깝고, 중간이나 끝에 올 때는 까, [ㄲ]에 가깝습니다.

か [ka]	き [ki]	く [ku]	け [ke]	こ [ko]
かお 얼굴	きかい 기계	きく 국화	いけ 연못	こい 잉어

さ행

さ행은 자음 [s] 발음이 모음과 결합한 행입니다. 우리말 [ㅅ] 발음으로 읽으면 됩니다. す는 [수]와 [스]의 중간 소리입니다.

さ [sa]	し [shi]	す [su]	せ [se]	そ [so]
さけ 술	しか 사슴	すし 초밥	せかい 세계	そら 하늘

た행

た행은 자음 [t]가 모음과 결합한 행입니다. 우리말 [ㅌ]과 [ㄷ] 중간 발음으로 냅니다. ち는 [치]와 [찌]의 중간 소리이고, つ는 [쯔]로 발음하지 않고 혀끝을 앞니 쪽에 살짝 치면서 무성음으로 발음해야 합니다.

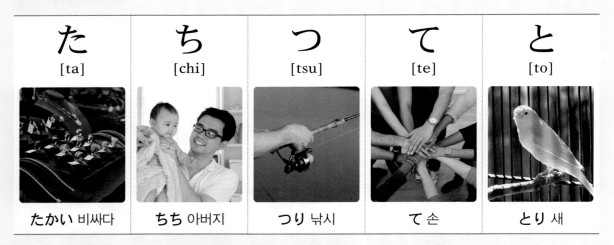

た [ta]	ち [chi]	つ [tsu]	て [te]	と [to]
たかい 비싸다	ちち 아버지	つり 낚시	て 손	とり 새

な행

な행은 자음 [n] 발음이 모음과 결합한 행입니다. 우리말 [ㄴ] 발음으로 읽으면 됩니다.

な	に	ぬ	ね	の
[na]	[ni]	[nu]	[ne]	[no]
なつ 여름	にく 고기	いぬ 개	ねこ 고양이	のり 김

は행

は행은 자음 [h] 발음이 모음과 결합한 행입니다. 우리말 [ㅎ] 발음으로 읽으면 됩니다.

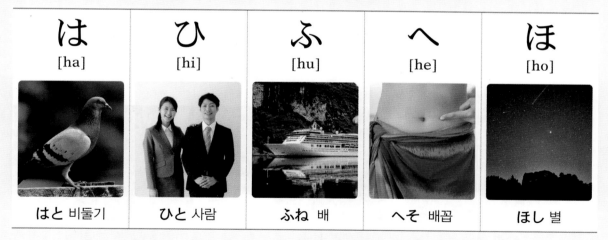

は	ひ	ふ	へ	ほ
[ha]	[hi]	[hu]	[he]	[ho]
はと 비둘기	ひと 사람	ふね 배	へそ 배꼽	ほし 별

ま행

ま행은 자음 [m] 발음이 모음과 결합한 행입니다. 우리말 [ㅁ] 발음으로 읽으면 됩니다.

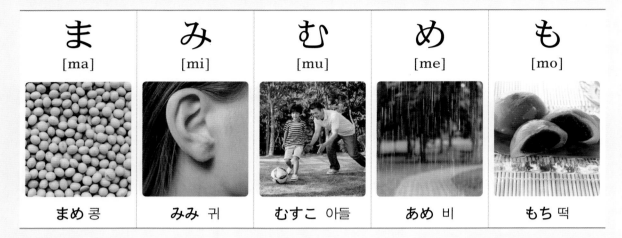

ま [ma]	み [mi]	む [mu]	め [me]	も [mo]
まめ 콩	みみ 귀	むすこ 아들	あめ 비	もち 떡

や행

や행은 자음 [y] 발음이 모음과 결합한 행입니다. や, ゆ, よ 세 글자만 있으며 반모음 또는 이중모음이라고 합니다.

や [ya]	ゆ [yu]	よ [yo]
やま 산	ゆき 눈	よる 저녁, 밤

ら행

ら행은 자음 [r] 발음이 모음과 결합한 행입니다. 다만 영어의 [r] 발음이나 우리말 [ㄹ]처럼 혀를
많이 굴리지 않습니다. 우리말의 [ㄹ] 발음을 [ㄴ] 소리를 내듯이 혀 위치를 앞쪽에 두고 발음하
면 됩니다.

ら	り	る	れ	ろ
[ra]	[ri]	[ru]	[re]	[ro]
さら 접시	りす 다람쥐	くるま 자동차	はれ 날씨가 갬	こころ 마음

わ행

わ행의 わ는 자음 [w] 발음이 결합한 발음, 우리말의 [와]로 발음하면 됩니다.
또한 を는 [w] 발음 없이 お와 같은 [o]로 소리 냅니다. お와 소리는 같지만, 조사로만 사용하는
글자입니다.
ん은 오십음도표 순서에 따라 표기된 것일 뿐 자음 [w]와는 상관없습니다.

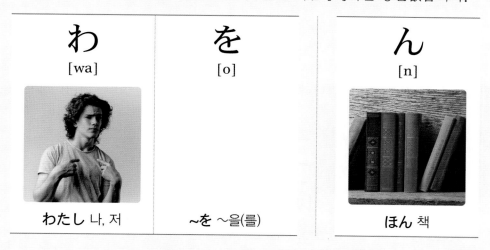

わ	を	ん
[wa]	[o]	[n]
わたし 나, 저	~を ~을(를)	ほん 책

2 탁음(濁音)

탁음이란 탁하게 성대를 울리는 소리입니다. 「か·さ·た·は」행 글자의 오른쪽 위에 탁점 [゛]을 찍어 표기합니다.

が행

が행은 자음 [g] 발음이 모음과 결합한 음입니다. 우리말 [가·기·구·게·고]보다 더 탁하게 발음하는 것이 좋습니다.

が	ぎ	ぐ	げ	ご
[ga]	[gi]	[gu]	[ge]	[go]
かがみ 거울	かぎ 열쇠	えのぐ 그림물감	ひげ 수염	たまご 달걀

ざ행

ざ행은 자음 [z] 발음이 모음과 결합한 음입니다. 우리말 [ㅈ] 발음으로 읽지 않도록 주의해야 합니다.

ざ	じ	ず	ぜ	ぞ
[za]	[ji]	[zu]	[ze]	[zo]
ひざ 무릎	にじ 무지개	みず 물	かぜ 바람	かぞく 가족

だ행

だ행은 자음 [d] 발음이 모음과 결합한 음입니다. 다만 ぢ·づ의 소리는 [di·du]가 아니라 [ji·zu]입니다.

だ	ぢ	づ	で	ど
[da]	[ji]	[zu]	[de]	[do]
だいがく 대학	はなぢ 코피	こづつみ 소포	はでだ 화려하다	まど 창문

ば행

ば행은 자음 [b] 발음이 모음과 결합한 음입니다. 우리말 [ㅂ]보다 탁한 소리이며 입술에 힘을 주고 숨을 모아 뱉듯이 발음합니다.

ば	び	ぶ	べ	ぼ
[ba]	[bi]	[bu]	[be]	[bo]
そば 옆	えび 새우	ぶた 돼지	べんとう 도시락	おぼん 쟁반

3 반탁음(半濁音)

청음 は행 글자 오른쪽 위에 반탁점 [˚]을 찍은 글자입니다. 자음 [p] 발음이 모음과 결합한 소리로서 우리말 [ㅃ]와 [ㅍ]의 중간음입니다.

ぱ	ぴ	ぷ	ぺ	ぽ
[pa]	[pi]	[pu]	[pe]	[po]
かんぱい 건배	ぴかぴか 번쩍번쩍	せんぷうき 선풍기	ぺらぺら 술술	ぽかぽか 따끈따끈

4 요음(拗音)

い단의 글자에 작은 「や·ゆ·よ」 반모음 글자를 함께 써서, 한 박자로 한 글자처럼 발음합니다.

きゃ [kya]	きゅ [kyu]	きょ [kyo]
おきゃく 손님	きゅうり 오이	きょり 거리
ぎゃ [gya]	ぎゅ [gyu]	ぎょ [gyo]
ぎゃく 반대	ぎゅうにく 소고기	きんぎょ 금붕어
しゃ [sha]	しゅ [shu]	しょ [sho]
しゃしん 사진	しゅみ 취미	しょるい 서류
じゃ [zya]	じゅ [zyu]	じょ [zyo]
じんじゃ 신사	じゅうみん 주민	たんじょ 단점
ちゃ [cha]	ちゅ [chu]	ちょ [cho]
おちゃ (녹)차	ちゅうしゃ 주차	ちょきん 저금
にゃ [nya]	にゅ [nyu]	にょ [nyo]
こんにゃく 곤약	にゅうじょう 입장	にょうぼう 아내, 마누라

ひゃ [hya]	**ひゅ** [hyu]	**ひょ** [hyo]
ひゃく 백, 100	ひゅうひゅう 휙휙	ひょうじょう 표정
びゃ [bya]	**びゅ** [byu]	**びょ** [byo]
さんびゃく 삼백, 300	びゅうびゅう 휙휙	びょういん 병원
ぴゃ [pya]	**ぴゅ** [pyu]	**ぴょ** [pyo]
はっぴゃく 팔백, 800	ぴゅうぴゅう 쌩쌩	ぴょんぴょん 깡충깡충
みゃ [mya]	**みゅ** [myu]	**みょ** [myo]
みゃく 맥		びみょう 미묘함
りゃ [rya]	**りゅ** [ryu]	**りょ** [ryo]
しょうりゃく 생략	りゅうがく 유학	りょうり 요리

5 촉음(促音)

촉음은 작은 っ가 받침 역할을 하며 나는 소리입니다. っ뒤에 오는 자음에 따라 자음의 영향으로 っ의 받침소리가 달라집니다.

① [ㄱ] 발음 – か행 앞

さっか 작가　　　　はっきり 분명히　　　　ゆっくり 천천히, 푹
はっけん 발견　　　がっこう 학교

② [ㄷ] 발음 – た행 앞

いったい 도대체　　しゅっちょう 출장　　　まって 기다려
ちょっと 잠깐

③ [ㅂ] 발음 – ぱ행 앞

いっぱい 가득　　　いっぴき 한 마리　　　いっぷん 1분
ほっぺた 볼　　　　しっぽ 꼬리

④ [ㅅ] 발음 – さ행 앞

あっさり 깨끗이　　ざっし 잡지　　　　　まっすぐ 똑바로
けっせき 결석　　　しっそ 질소

6 발음(撥音)

ん은 받침역할을 하는 음절인데, 뒤에 오는 자음에 따라 자음의 영향을 받아 조금씩 달리 발음됩니다. 앞의 글자와 함께 우리말 받침 있는 한 글자처럼 묶어서 한 박자로 발음합니다.

① [ㄴ] 발음 – さ, ざ, た, だ, な, ら행 앞

しんさ 심사　　　　せんせい 선생님　　　かんじ 한자
おんど 온도　　　　あんない 안내　　　　れんらく 연락

② [ㅁ] 발음 – ま, ば, ぱ행 앞

さんま 꽁치　　　　とんぼ 잠자리　　　　さんぽ 산책
てんぷら 튀김

③ [ㅇ] 발음 – か, が행 앞

げんき 건강함   **かんこく** 한국   **まんが** 만화

りんご 사과   **ばんごう** 번호

④ [ㄴ+ㅇ] 발음 – あ, は, や, わ행 앞 또는 끝에 올 경우

でんわ 전화   **ほんや** 서점, 책방   **うどん** 우동

7 장음(長音)

같은 모음이 겹쳐졌을 때(aa, ii, uu, ee, oo) 두 박자로 길게 발음하는 것을 말합니다. 또한 같은
모음이 아니어도 [え단+い] [お단+う]([ei],[ou])는 길게 [e:] [o:]와 같이 발음합니다.

① あ단 장음[あ단+あ] : **おかあさん** 어머니   **おばあさん** 할머니

② い단 장음[い단+い] : **おにいさん** 형, 오빠   **おじいさん** 할아버지

③ え단 장음[え단+え] : **おねえさん** 언니, 누나

　え단 장음[え단+い] : **がくせい** 학생

④ お단 장음[お단+お] : **おおきい** 크다

　お단 장음[お단+う] : **がっこう** 학교

가타카나(カタカナ)

가타카나의 음은 히라가나와 같습니다. 발음 법칙도 동일하게 적용되며 장음은 「 ― 」으로 표기합니다.

	ア단	イ단	ウ단	エ단	オ단
ア행	ア a	イ i	ウ u	エ e	オ o
カ행	カ ka	キ ki	ク ku	ケ ke	コ ko
サ행	サ sa	シ shi	ス su	セ se	ソ so
タ행	タ ta	チ chi	ツ tsu	テ te	ト to
ナ행	ナ na	ニ ni	ヌ nu	ネ ne	ノ no
ハ행	ハ ha	ヒ hi	フ hu	ヘ he	ホ ho
マ행	マ ma	ミ mi	ム mu	メ me	モ mo
ヤ행	ヤ ya		ユ yu		ヨ yo
ラ행	ラ ra	リ ri	ル ru	レ re	ロ ro
ワ행	ワ wa				ヲ o
	ン n				

◆ 청음(清音) せいおん

ア행

ア행은 일본어 기본 모음을 나타내는 행입니다. 우리말 [아, 이, 우, 에, 오]의 모음 발음과 비슷합니다만, ウ의 발음만 약간 다릅니다. ウ는 부드럽게 [우]와 [으]의 중간 소리를 내는 것이 좋습니다.

ア	イ	ウ	エ	オ
[a]	[i]	[u]	[e]	[o]
アイス 아이스, 얼음	イタリア 이탈리아	ウイスキー 위스키	エース 에이스	ラジオ 라디오

カ행

カ행은 [k] 발음이 모음과 결합한 행입니다. カ행을 읽을 때 우리말의 [가, 기, 구, 게, 고]의 발음이 되지 않게 조심해야 합니다. カ행의 글자 위치에 따라 단어 첫 자는 카, [ㅋ] 발음에 더 가깝고, 중간이나 끝에 올 때는 까, [ㄲ]에 가깝습니다.

カ	キ	ク	ケ	コ
[ka]	[ki]	[ku]	[ke]	[ko]
カメラ 카메라	スキー 스키	クイズ 퀴즈	ケーキ 케이크	コーラ 콜라

サ행

サ행은 자음 [s] 발음이 모음과 결합한 행입니다. 우리말 [ㅅ] 발음으로 읽으면 됩니다. ス는 [수]와 [스]의 중간 소리입니다.

サ	シ	ス	セ	ソ
[sa]	[shi]	[su]	[se]	[so]
サラダ 샐러드	シスター 시스터, 자매	スポーツ 스포츠	セット 세트	ソース 소스

タ행

タ행은 자음 [t]가 모음과 결합한 행입니다. 우리말 [ㅌ]과 [ㄷ] 중간 발음으로 냅니다. チ는 [치]와 [찌]의 중간 소리이고, ツ는 [쯔]로 발음하지 않고 혀끝을 앞니 쪽에 살짝 치면서 무성음으로 발음해야 합니다.

タ	チ	ツ	テ	ト
[ta]	[chi]	[tsu]	[te]	[to]
タオル 타올, 수건	チーズ 치즈	ツアー 투어, 여행	テレビ 텔레비전	トイレ 화장실

ナ행

ナ행은 자음 [n] 발음이 모음과 결합한 행입니다. 우리말 [ㄴ] 발음으로 읽으면 됩니다.

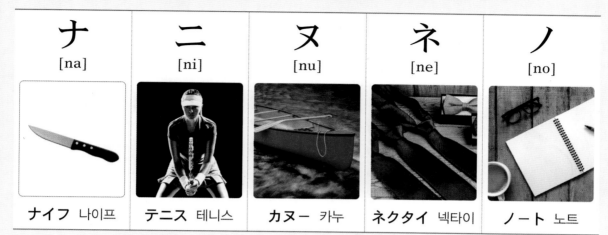

ナ [na]	ニ [ni]	ヌ [nu]	ネ [ne]	ノ [no]
ナイフ 나이프	テニス 테니스	カヌー 카누	ネクタイ 넥타이	ノート 노트

ハ행

ハ행은 자음 [h] 발음이 모음과 결합한 행입니다. 우리말 [ㅎ] 발음으로 읽으면 됩니다.

ハ [ha]	ヒ [hi]	フ [hu]	ヘ [he]	ホ [ho]
ハート 하트, 마음	コーヒー 커피	フランス 프랑스	ヘア 헤어, 머리카락	ホテル 호텔

マ행

マ행은 자음 [m] 발음이 모음과 결합한 행입니다. 우리말 [ㅁ] 발음으로 읽으면 됩니다.

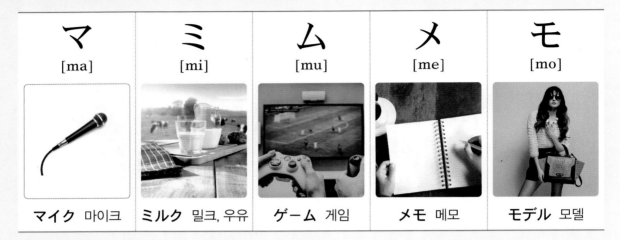

マ [ma]	ミ [mi]	ム [mu]	メ [me]	モ [mo]
マイク 마이크	ミルク 밀크, 우유	ゲーム 게임	メモ 메모	モデル 모델

ヤ행

ヤ행은 자음 [y] 발음이 모음과 결합한 행입니다. ヤ, ユ, ヨ 세 글자만 있으며 반모음 또는 이중모음이라고 합니다.

ヤ [ya]	ユ [yu]	ヨ [yo]
ダイヤ 다이아몬드	ユーザー 유저	ヨット 요트

ラ행

ラ행은 자음 [r] 발음이 모음과 결합한 행입니다. 다만 영어의 [r] 발음이나 우리말 [ㄹ]처럼 혀를 많이 굴리지 않습니다. 우리말의 [ㄹ] 발음을 [ㄴ] 소리를 내듯이 혀 위치를 앞쪽에 두고 발음하면 됩니다.

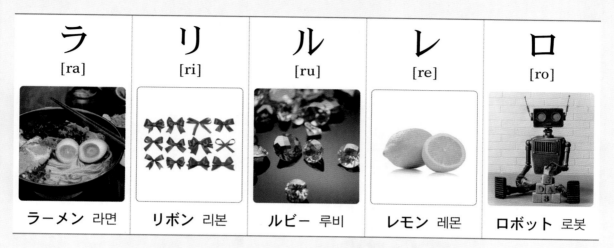

ラ	リ	ル	レ	ロ
[ra]	[ri]	[ru]	[re]	[ro]
ラーメン 라면	リボン 리본	ルビー 루비	レモン 레몬	ロボット 로봇

ワ행

ワ행의 ワ는 자음 [w] 발음이 결합한 발음, 우리말의 [와]로 발음하면 됩니다. 또한 ヲ는 [w] 발음 없이 オ와 같은 [o]로 소리 냅니다.

ン은 오십음도 순서에 따라 표기된 것일 뿐 자음 [w]와는 상관없습니다.

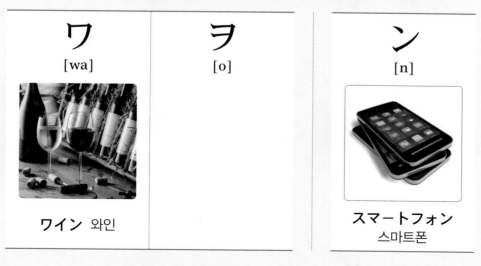

ワ	ヲ	ン
[wa]	[o]	[n]
ワイン 와인		スマートフォン 스마트폰

둘째 마당

수업하기

01 私は 主婦です。

학습목표

이 과에서는 기본적인 명사 구문을 배워 보기로 해요.
명사란 사물의 이름을 나타내는 어휘로,
명사 중에서도 직업과 국적 등과 관련된 단어를 가지고 문장을 만들어 볼 거예요.

● 문장을 듣고 따라 말해보세요. 1-1

▶ 私は 主婦です。
와따시와 슈후데스

▷ 彼は 医者ですか。
카레 와 이 샤 데스 까

▶ はい、そうです。
하이 소 - 데스

▷ いいえ、彼は 医者では ありません。
이 - 에 카레와 이 샤 데 와 아 리 마 셍

저는 주부입니다.

1과 MP3 듣기

주요 표현
▶ 자기 직업 말하기
▶ 자기 국적 말하기

주요 문형
▶ ～は ～です
▶ ～は ～ですか
▶ はい、～です / いいえ、～では ありません

▶ 저는 주부입니다.

▷ 그는 의사입니까?

▶ 네, 그렇습니다.

▷ 아니요, 그는 의사가 아닙니다.

▼ 새로 나온 단어

私 [わたし: 와따시] 나, 저

～は [와] ～은(는)

主婦 [しゅふ: 슈후] 주부

～です [데스] ~입니다

彼 [かれ: 카레] 그

医者 [いしゃ: 이샤] 의사

～ですか [데스까] ~입니까?

はい [하이] 네, 예

そうです [소-데스] 그렇습니다

いいえ [이-에] 아니요

～ではありません [데와아리마셍] ~이(가) 아닙니다

1 私は 主婦です。 저는 주부입니다.

① 私 나, 저

私[わたし]는 '나, 저'라는 뜻으로 말하는 사람 자신을 가리키는 ❶인칭대명사입니다. 상대방을 가리킬 때는 '당신'이라는 뜻의 あなた를, 제3자를 가리킬 때는 '그/그녀'라는 뜻의 彼[かれ] / 彼女[かのじょ]를 사용합니다.

❶ 인칭대명사
사람을 가리키는 대명사로, 자신을 가리키는 '나, 저(1인칭)', 상대방을 가리키는 '너, 당신(2인칭)', 제3자를 가리키는 '그, 그녀(3인칭)'처럼 사람의 이름을 대신하여 가리키는 대명사를 말합니다.

1인칭	2인칭	3인칭
私	あなた	彼 / 彼女
나, 저	당신	그 / 그녀

② ～は ～です ～은(는) ～입니다

❷ 주격 조사
'저는, 그는, 그녀는'처럼 주어를 지칭하고 싶을 때 사용하는 조사입니다.

～는는 '～은/는'의 뜻을 나타내는 ❷주격 조사입니다. 여기서 주의할 것은 표기는 は[ha]이지만 발음은 와[wa]로 한다는 것입니다.

～です는 명사 뒤에 바로 접속해서 '～입니다'의 뜻을 나타내는 ❸술어입니다. 기본형 ～だ(～이다)의 정중한 형태로, '회사원이다, 가수다'와 같은 문장을 만들 경우는 명사에 ～だ만 붙이면 되지만, '회사원입니다, 가수입니다'처럼 정중한 표현으로 말하고자 할 때는 명사 뒤에 ～です를 붙이면 됩니다.

❸ 술어
한 문장에서 주어의 움직임, 상태, 성질 등을 서술하는 말입니다.

私は 学生です。 저는 학생입니다.
[와따시와 각세-데스]

私は 韓国人です。 저는 한국인입니다.
[와따시와 캉꼬꾸진데스]

彼女は 会社員です。 그녀는 회사원입니다.
[카노죠와 카이샤인데스]

▼ 새로 나온 단어

あなた [아나따] 당신

彼女 [かのじょ: 카노죠] 그녀

学生 [がくせい: 각세-] 학생

韓国人 [かんこくじん: 캉꼬꾸징] 한국인

会社員 [かいしゃいん: 카이샤잉] 회사원

2 彼(かれ)は 医者(いしゃ)ですか。 그는 의사입니까?

~ですか는 '~입니까?'라는 뜻으로, '~입니다'라는 뜻을 나타내는 술어 ~です 뒤에 의문을 나타내는 조사 か를 붙이면 됩니다.

> 彼女(かのじょ)は 主婦(しゅふ)ですか。 그녀는 주부입니까?
> [카노죠와 슈후데스까]
>
> 彼(かれ)は 医者(いしゃ)ですか。 그는 의사입니까?
> [카레와 이샤데스까]

3 はい、そうです。 네, 그렇습니다.

はい는 '네, 예', '예스(yes)'에 해당하는 말로 긍정의 대답에 쓰입니다. 그리고 いいえ는 '아니요', '노(no)'에 해당하는 말로 부정의 대답에 쓰입니다.

> はい、そうです。 네 그렇습니다.
> [하이, 소우데스]
>
> いいえ、そうでは ありません。 아니요, 그렇지 않습니다.
> [이-에, 소우데와 아리마셍]

4 いいえ、彼(かれ)は 医者(いしゃ)では ありません。

아니요, 그는 의사가 아닙니다.

명사를 부정할 때는 명사에 ~ではありません을 접속하여 '~이(가) 아닙니다'라는 뜻을 나타냅니다. 다만, 회화에서는 では 발음을 じゃ로 줄여서 발음할 때가 많습니다. 회화체에서는 짧고 자연스럽게 발음하는 것을 좋아하기 때문입니다. 또한 이 때 ありません 대신에 ないです를 사용해도 됩니다.

> 私(わたし)は 日本人(にほんじん)では ありません。 나는 일본인이 아닙니다.
> [와따시와 니혼진데와 아리마셍]
>
> 彼女(かのじょ)は 主婦(しゅふ)では ありません。 그녀는 주부가 아닙니다.
> [카노죠와 슈후데와 아리마셍]

▼ 새로 나온 단어

日本人 [にほんじん : 니혼징] 일본인

말해보기

▼ 새로 나온 단어

教師[きょうし: 쿄-시] 교사

1 보기와 같이 제시된 단어로 문장을 연습해 보세요.

> 보기 主婦 → 私は 主婦です。 나는 주부입니다.
> しゅ ふ　　わたし　　しゅ ふ

① 教師
　 きょう し

② 医者
　 い しゃ

③ 会社員
　 かいしゃいん

④ 学生
　 がくせい

▼ 새로 나온 단어

歌手[かしゅ: 카슈] 가수

運転手[うんてんしゅ: 운뗀슈] 운전사

美容師[びようし: 비요-시] 미용사

作家[さっか: 삭까] 작가

2 보기와 같이 제시된 단어로 대화문을 연습해 보세요.

> 보기 イさん・学生
> 　　　　　　 がくせい
> →　A イさんは 学生ですか。 이 씨는 학생입니까?
> 　　　　　　　　　 がくせい
> 　　B はい、そうです。 네, 그렇습니다.

① 中村さん・歌手
　 なかむら　　 か しゅ

② 鈴木さん・運転手
　 すず き　　　うんてんしゅ

③ 上田さん・美容師
　 うえ だ　　　びょう し

④ 田中さん・作家
　 た なか　　　さっ か

단어 더하기

会長[かいちょう: 카이쵸-] 회장(님)

部長[ぶちょう: 부쵸-] 부장(님)

アメリカ人[アメリカじん: 아메리카징] 미국인

社長[しゃちょう: 샤쵸-] 사장(님)

中国人[ちゅうごくじん: 쥬-고꾸징] 중국인

選手[せんしゅ: 센슈] 선수

3 보기와 같이 제시된 단어로 대화문을 연습해 보세요.

> 보기 **主婦**[しゅふ]
>
> → A **主婦**[しゅふ]ですか。 주부입니까?
>   B いいえ、**主婦**[しゅふ]では ありません。
>   아니요, 주부가 아닙니다.

① **医者**[いしゃ]

② **歌手**[かしゅ]

③ **公務員**[こうむいん]

④ **会社員**[かいしゃいん]

▼ 새로 나온 단어

公務員[こうむいん : 코-무잉] 공무원

4 보기와 같이 제시된 단어로 대화문을 연습해 보세요.

> 보기 **彼**[かれ]・**先生**[せんせい]・**学生**[がくせい]
>
> → A **彼**[かれ]は **先生**[せんせい]ですか。 그는 선생님입니까?
>   B いいえ、**先生**[せんせい]では ありません。**学生**[がくせい]です。
>   아니요, 선생님이 아닙니다. 학생입니다.

① **彼**[かれ]・**医者**[いしゃ]・**記者**[きしゃ]

② **彼**[かれ]・**運転手**[うんてんしゅ]・**歌手**[かしゅ]

③ **彼女**[かのじょ]・**美容師**[びようし]・**主婦**[しゅふ]

④ **彼女**[かのじょ]・**公務員**[こうむいん]・**作家**[さっか]

▼ 새로 나온 단어

先生[せんせい: 센세-] 선생님

記者[きしゃ: 키샤] 기자

モデル[모데루] 모델

フリーランサー[후리-란사-] 프리랜서

プログラマー[푸로그라마-] 프로그래머

ガイド[가이도] 가이드

デザイナー[데자이나-] 디자이너

1 밑줄 친 부분에 들어갈 알맞은 단어를 보기에서 찾아 문장을 완성해 보세요.

> 보기 主婦[しゅ ふ]　医者[い しゃ]　学生[がくせい]　歌手[か しゅ]

① 私[わたし]は ＿＿＿＿ です。 (나는 주부입니다.)

② 彼[かれ]は ＿＿＿＿ です。 (그는 학생입니다.)

③ 彼女[かのじょ]は ＿＿＿＿ です。 (그녀는 의사입니다.)

④ キムさんは ＿＿＿＿ です。 (김 씨는 가수입니다.)

▼ 새로 나온 단어

銀行員 [ぎんこういん: 깅꼬-잉] 은행원

2 밑줄 친 부분을 부정문으로 바꿔 보세요.

① 私[わたし]は 教師[きょう し]です。

　⇨ ＿＿＿＿＿＿＿＿＿＿＿＿＿＿＿＿＿＿

② あなたは 公務員[こう む いん]です。

　⇨ ＿＿＿＿＿＿＿＿＿＿＿＿＿＿＿＿＿＿

③ 彼[かれ]は 銀行員[ぎんこういん]です。

　⇨ ＿＿＿＿＿＿＿＿＿＿＿＿＿＿＿＿＿＿

④ 彼女[かのじょ]は 記者[き しゃ]です。

　⇨ ＿＿＿＿＿＿＿＿＿＿＿＿＿＿＿＿＿＿

쉬어가기

일본인들의 성씨 이야기

이제 기본 명사 구문을 익혔으니 자기소개를 일본어로 해 보는 것은 어떨까요?

자기소개를 함에 있어서 제일 먼저 말하게 되는 것이 자신의 이름인데요. 일본인의 경우는 통성명할 때 자신의 성(姓)만을 소개하는 경우를 많이 보셨을 거예요. 이것은 일본인의 성씨가 어마어마하게 많다 보니 굳이 이름까지 밝히지 않아도 성씨가 이름 역할을 하기 때문이지요. 학교에서 선생님이 학생들 출석을 부를 때도 성으로만 출석을 부른답니다.

일본의 성은 대략 10만 개 이상 있다고 해요(혹자는 15만 개가 있다고 하지요). 이 중에서 가장 많은 성은 사토(佐藤)이고, 2위는 스즈키(鈴木), 3위는 다카하시(高橋)예요.

일본의 성씨를 읽고 외우는 것은 참 힘든 일이지만, 제일 흔한 성 10위 정도까지만 알아 두어도 든든하겠지요?

1위	사토 · 佐藤	6위	이토 · 伊藤
2위	스즈키 · 鈴木	7위	야마모토 · 山本
3위	다카하시 · 高橋	8위	나카무라 · 中村
4위	다나카 · 田中	9위	고바야시 · 小林
5위	와타나베 · 渡辺	10위	사이토 · 斎藤

여기서 한 가지 재미 삼아 일본에서 가장 음이 긴 성씨와 한자가 가장 긴 성씨를 소개할까 해요.

읽었을 때 가장 긴 성씨는 東四柳로 '히가시요츠야나기'라고 해요. 그리고 한자 글자 수가 가장 긴 성은 八月三十一日로 '호즈노미야'라고 해요. 성이 8월 31일이네요.

이렇듯 기발하고 재미있는 성이 다양하게 있으니 일본에서는 성이 이름 역할을 하지요. 그래서 친한 친구 사이가 아니면 이름을 부르기보다 성씨에 상(さん)을 붙여 사토상(佐藤さん), 스즈키상(鈴木さん)처럼 부른답니다.

02 趣味は 何ですか。
しゅみ　　　　なん

학습목표

이번 과에서는 취미와 관련된 여러 어휘와 표현을 배워서 취미를 일본어로 이야기해 보기로 해요.
여러분들의 취미는 무엇입니까?

● 문장을 듣고 따라 말해보세요. 2-1

▶ 趣味は 何ですか。
しゅみ　　　なん
슈 미 와　난 데 스 까

▷ 私の 趣味は ドライブです。
わたし　　しゅみ
와따시노　슈 미 와　도 라 이 부 데 스

▶ 先生の 趣味も ドライブです。
せんせい　　しゅみ
센 세- 노　슈 미 모　도 라 이 부 데 스

▷ 田中さんの 趣味は ゴルフと 旅行です。
た なか　　　　しゅみ　　　　　　　りょこう
타 나까 산 노 슈 미 와 고 루 후 또 료 꼬- 데 스

취미는 무엇입니까?

주요 표현
▶ 취미에 대해 묻고 답하기
▶ 사물에 대해 묻고 답하기

주요 문형
▶ ～は 何ですか
▶ ～の ～は ～です
▶ ～も ～です
▶ ～は ～と ～です

▼ 새로 나온 단어

趣味 [しゅみ: 슈미] 취미

何 [なん / なに: 낭 / 나니] 무엇

ドライブ [도라이부] 드라이브

～の [노] ~의

～も [모] ~도

ゴルフ [고루후] 골프

～と [토] ~와(과)

旅行 [りょこう: 료코–] 여행

▶ 취미는 무엇입니까?

▷ 제 취미는 드라이브입니다.

▶ 선생님의 취미도 드라이브입니다.

▷ 다나카 씨의 취미는 골프와 여행입니다.

1 趣味は 何ですか。 취미는 무엇입니까?

何[なん]ですか는 의문사 '무엇'에 해당하는 何[なに]에 '입니까?'라고 하는 です か가 접속한 것입니다. 그런데 何[なに]ですか라고 발음하지 않고 何[なん] ですか라고 발음합니다. 다만 "뭐야?"처럼 반말투로 말할 때는 何[なに]?라 고 할 수 있어요.

> **お名前は 何ですか。** 이름은 무엇입니까?
> [오나마에와 난데스까]
>
> **夢は 何ですか。** 꿈은 무엇입니까?
> [유메와 난데스까]
>
> **内容は 何ですか。** 내용은 무엇입니까?
> [나이요-와 난데스까]

❶ 소유격 조사
소유격 조사는 "~의" 의미를 나타내는 조사 입니다. 즉 "나의 가방", "당신의 시계"와 같이 누구의 소유인지 가리 킬 때 사용되는 조사이 지요.

2 私の 趣味は ドライブです

제 취미는 드라이브입니다

~の는 '~의'라고 하는 뜻을 가지는 조사입니다. 조사 の는 다양한 뜻이 있지 만, 여기에서는 '~의'에 해당하는 ❶소유격 조사로서 기억하면 됩니다.

> **私の 名前は ○○○です。** 제(나의) 이름은 ○○○입니다.
> [와따시노 나마에와 ○○○데스]
>
> **彼は 私の 友だちです。** 그는 제(나의) 친구입니다.
> [카레와 와따시노 토모다찌데스]
>
> **彼女の 車です。** 그녀의 차입니다.
> [카노죠노 쿠루마데스]

3 先生の　趣味も　ドライブです
せんせい　　　　しゅみ

선생님의 취미도 드라이브입니다

~も는 '~도'에 해당하는 조사입니다. 조사 も에는 여러 가지 뜻이 있지만, 가장 기본적인 용법은 앞의 사항과 동일하다는 긍정, 동감, 동의 등을 나타내는 '~도'입니다.

> 私も　主婦です。　나도 주부입니다.
> わたし　しゅふ
> [와따시모 슈후데스]
>
> 中村さんも　会社員です。　나카무라 씨도 회사원입니다.
> なかむら　　　　かいしゃいん
> [나까무라상모 카이샤인데스]

4 田中さんの　趣味は　ゴルフと　旅行です
た なか　　　　　しゅみ　　　　　　　　りょこう

다나카 씨의 취미는 골프와 여행입니다

~と는 '~와(과)'라는 뜻을 가지는 조사입니다. 함께 하는 사람 혹은 사물을 나열할 때 쓰는 말이지요.

> 私と　あなた　나와 당신
> わたし
> [와따시또 아나따]
>
> 先生と　学生　선생님과 학생
> せんせい　がくせい
> [센세-또 가쿠세-]
>
> 韓国人と　日本人　한국인과 일본인
> かんこくじん　にほんじん
> [캉꼬꾸진또 니혼진]

▼ 새로 나온 단어

ゲーム [게-무] 게임

読書 [どくしょ : 도꾸쇼] 독서

料理 [りょうり : 료-리] 요리

ハイキング [하이킹구] 하이킹

散歩 [さんぽ : 삼뽀] 산책

---

1 보기와 같이 제시된 단어로 대화문을 연습해 보세요.　2-2

> **보기** あなた・ゲーム
>
> → A あなたの 趣味(しゅみ)は 何(なん)ですか。
>
> 　　당신의 취미는 무엇입니까?
>
> 　　B 私(わたし)の 趣味(しゅみ)は ゲームです。 제 취미는 게임입니다.

① キムさん・読書(どくしょ)　② イさん・料理(りょうり)

③ 田中(たなか)さん・ハイキング　④ 中村(なかむら)さん・散歩(さんぽ)

▼ 새로 나온 단어

囲碁 [いご : 이고] 바둑

つり [츠리] 낚시

ショッピング [숍삥구] 쇼핑

ヨガ [요가] 요가

---

2 보기와 같이 제시된 단어로 대화문을 연습해 보세요.　2-3

> **보기** 先生(せんせい)・ドライブ
>
> → A 先生(せんせい)の 趣味(しゅみ)は ドライブです。
>
> 　　선생님의 취미는 드라이브입니다
>
> 　　B 私(わたし)の 趣味(しゅみ)も ドライブです。
>
> 　　제 취미도 드라이브입니다.

① ワンさん・囲碁(いご)　② パクさん・つり

③ 中村(なかむら)さん・ショッピング　④ 小林(こばやし)さん・ヨガ

단어 더하기

映画 [えいが : 에-가] 영화　　**音楽** [おんがく : 옹가꾸] 음악　　**将棋** [しょうぎ : 쇼-기] 장기

手芸 [しゅげい : 슈게-] 수예　　**書道** [しょどう : 쇼도-] 서예　　**生け花** [いけばな : 이께바나] 꽃꽂이

3 보기와 같이 제시된 단어로 대화문을 연습해 보세요.

2-4

| 보기 | あなた・山登り・水泳 |

→ A **あなたの 趣味は 何ですか。** 당신의 취미는 무엇입니까?

B **私の 趣味は 山登りと 水泳です。**

제 취미는 등산과 수영입니다.

① キムさん・ゲーム・ドラマ

② オさん・旅行・ショッピング

③ 田中さん・野球・サッカー

④ 鈴木さん・ダンス・サイクリング

▼ 새로 나온 단어

山登り [やまのぼり: 야마노보리] 등산

水泳 [すいえい: 스이에-] 수영

ドラマ [도라마] 드라마

野球 [やきゅう: 야뀨-] 야구

サッカー [삭까-] 축구

ダンス [단스] 댄스, 춤

サイクリング [사이꾸링구] 사이클링

美術 [びじゅつ: 비쥬쯔] 미술　　**写真** [しゃしん: 샤싱] 사진　　**ギター** [기따-] 기타

ガーデニング [가-데닝구] 원예　　**ネイル** [네이루] 네일

1 밑줄 친 부분에 들어갈 알맞은 단어를 보기에서 찾아 문장을 완성해 보세요.

> 보기 　何　　と　　の　　も

① 趣味は _____ ですか。(취미는 무엇입니까?)

② 彼女_____ 名前は？(그녀의 이름은요?)

③ 先生_____ 学生。(선생님과 학생)

④ 中村さん_____ 医者です。(나카무라 씨도 의사입니다.)

2 밑줄 친 부분의 표현에 해당하는 일본어를 써 보세요.

① 취미는 何ですか。

　⇨ _____

② 田中さんの 友だちです。

　⇨ _____

③ 私の 趣味도 ゲームです。

　⇨ _____

④ 彼와 彼女は 友だちです。

　⇨ _____

후지산 이야기

일본의 대표적인 산하면 여러분들은 무슨 산이 떠오르나요?

아마 대부분의 사람들은 후지산(富士山)이라고 대답하실 거예요.

원추형으로 우뚝 솟은 수려한 후지산은 일본을 대표하는 미의 상징이자 해발 3776m로 일본에서 가장 높은 산입니다.

2013년에는 '후지산, 신성한 곳, 예술적 영감의 원천(Fujisan, sacred place and source of artistic inspiration)'이라는 이름으로 유네스코 지정 세계자연유산으로 등재되었습니다.

이 등재 이름처럼 후지산은 일본인들에게 신앙적 대상이자 예술적 원천과도 같은 존재이지요. 예로 부터 일본인들은 순례자가 성지를 순례하듯 겸허한 마음으로 후지산을 올랐고, 수많은 예술가들은 후지산의 특별한 아름다움을 문학과 그림, 음악으로 승화하여 노래했습니다.

후지산과 관련하여 '한 번도 오르지 않는 바보, 두 번 오르는 바보(一度登らぬバカ、二度登るバカ)'라는 속담이 있는데, 이 속담의 뜻은 일본 사람들에게 후지산은 일생에 꼭 한 번은 등산해야 하는 곳 이라는 것. 하지만 그 오르는 것이 너무 힘들기 때문에 두 번씩이나 오르는 것은 바보라는 이야기이 지요.

아무튼 일생에 한 번 후지산 등반을 해보는 것은 분명 멋진 일 일거예요.

후지산은 5부 능선 정도의 중턱 2400m 부근까지 자동차로 올라갈 수 있게 되어 있어서 높이에 비 해서는 수월하게 등반이 가능하답니다. 저처럼 등산을 싫어하는 사람은 중턱까지 차로 가서 망원경 으로 정상을 보고 와도 좋습니다.

어떠세요? 여러분들도 일본어를 공부한 다음 후지산에 올라 보시는 것은?

03 これは 日本語の 本です。

학습목표

이 과에서는 여러분 주변에 있는 물건들을 일본어로 말하고,
이 물건들이 누구의 것인지 말할 수 있게
사물과 관련된 명사 및 지시와 소유대명사들을 배워보기로 하겠습니다.

● 문장을 듣고 따라 말해보세요. 3-1

 これは 日本語の 本です。
코 레 와 니 홍 고 노 홍 데 스

▷ それは 車の キーです。
소 레 와 쿠루마 노   키- 데 스

▶ あれは 先生の スマホです。
아 레 와 센 세- 노 스 마 호 데 스

先生

▷ この かばんは 私のです。
코 노 카 방 와 와따시노 데 스

이것은 일본어 책입니다.

3과 MP3 듣기

주요 표현
▶ 주변의 물건이 무엇인지
　묻고 답하기
▶ 누구의 물건인지 답하기

주요 문형
▶ これ/それ/あれは ～です
▶ この/その/あの ～は ～のです

▼ 새로 나온 단어

これ [코레] 이것

日本語 [にほんご: 니홍고]
일본어

本 [ほん: 홍] 책

それ [소레] 그것

キー [키-] 키, 열쇠

あれ [아레] 저것

スマホ [스마호] 스마트폰
(スマートフォン [스마-또홍]의
준말)

この [코노] 이

かばん [카방] 가방

～の [노] ～의, ～의 것

▶ 이것은 일본어 책입니다.

▷ 그것은 자동차 키입니다.

▶ 저것은 선생님의 스마트폰입니다.

▷ 이 가방은 제 것입니다.

① 지시대명사
사물을 가리키는 대명사로 '이것, 그것, 저것, 어느 것'과 같은 말입니다.

② 질문과 대답
일반적으로 화자간의 거리가 있기 때문에 これ로 물으면 それ로 대답하고, それ로 물으면 これ로 대답하고, あれ로 물으면 あれ로 대답하게 되는 경우가 많습니다.

▼ 새로 나온 단어
どれ [도레] 어느 것

時計 [とけい: 토께─] 시계

1 これは 日本語の 本です

이것은 일본어 책입니다

これ는 '이것'이란 뜻을 가지는 ①지시대명사입니다. 지시대명사는 ②이야기하는 나와 상대방과의 거리에 따라 달라지는데, 나에게 가까이 있는 사물을 가리킬 때는 これ를, 나보다도 상대방에게 가까운 사물을 가리킬 때는 それ를, 모두에게서 멀리 떨어져 있는 사물을 가리킬 때는 あれ를 사용합니다. 반면 어느 것인지 정해져 있지 않은 경우는 부정칭 どれ를 씁니다.

これ	それ	あれ	どれ
이것	그것	저것	어느 것

これは 本です。 이것은 책입니다.
[코레와 홍데스]

それは かばんです。 그것은 가방입니다.
[소레와 카방데스]

あれは 時計です。 저것은 시계입니다.
[아레와 토께─데스]

▼ 새로 나온 단어
韓国 [かんこく: 캉꼬꾸] 한국

自動車 [じどうしゃ: 지도─샤] 자동차

英語 [えいご: 에─고] 영어

2 それは 車の キーです

그것은 자동차 열쇠입니다

車[くるま]의 キー에서의 の는 명사와 명사 사이를 연결해 주는 역할을 합니다. 이 경우의 の는 굳이 해석하지 않아도 됩니다.

日本語の 本 일본어 책
[니홍고노 홍]

韓国の 自動車 한국 자동차
[캉꼬꾸노 지도─샤]

英語の 先生 영어 선생님
[에─고노 센세─]

3 この かばんは 私のです

이 가방은 제 것입니다

➊ この かばん　이 가방

この는 명사를 수식하는 '이'에 해당하는 말입니다. 즉 '이 책, 이 가방'처럼 뒤에 오는 명사를 가리키는 말입니다. 이것 역시 상대방과의 거리에 따라 この, その, あの, どの로 나누어집니다.

この	その	あの	どの
이	그	저	어느

この 車　이 차
[코노 쿠루마]

その 時計　그 시계
[소노 토께—]

あの かばん　저 가방
[아노 카방]

どの 会社　어느 회사
[도노 카이샤]

➋ 私の　나의 것

여기서 ～の는 '～의 것'이라는 뜻입니다. 이 경우 の 뒤에 명사가 오지 않습니다. 이때 ～の는 소유격 조사와 명사를 나타내는 대명사 역할을 모두 수행하는 소유대명사입니다. 또한 '누구의 것'인지 물어보는 경우, 누구라고 하는 의문사 だれ를 사용하여 だれの라고 하면 '누구의 것'이라는 표현이 됩니다.

これは 私のです。 이것은 나의 것입니다.
[코레와 와따시노데스]

あれは 先生のです。 저것은 선생님의 것입니다.
[아레와 센세—노데스]

あなたのは どれですか。 당신 것은 어느 것입니까?
[아나따노와 도레데스까]

これは だれのですか。 이것은 누구의 것입니까?
[코레와 다레노데스까]

▼ 새로 나온 단어
その [소노] 그
あの [아노] 저
どの [도노] 어느
会社 [かいしゃ: 카이샤] 회사

▼ 새로 나온 단어
だれ [다레] 누구

말해보기

▼ 새로 나온 단어

めがね [메가네] 안경

ぼうし [보–시] 모자

ボールペン [보–루펭] 볼펜

1 보기와 같이 제시된 단어로 문장을 연습해 보세요.

> **보기** これ・本 → これは 本^{ほん}です。 이것은 책입니다.

① これ・かばん ② それ・めがね

③ それ・ぼうし ④ あれ・ボールペン

▼ 새로 나온 단어

財布 [さいふ: 사이후] 지갑

新聞 [しんぶん: 심붕] 신문

かさ [카사] 우산

2 보기와 같이 제시된 단어로 대화문을 연습해 보세요.

> **보기** ❶これ・それ・時計^{とけい}
>
> → A これは 何^{なん}ですか。 이것은 무엇입니까?
>
> B それは 時計^{とけい}です。 그것은 시계입니다.

① これ・それ・財布^{さいふ} ② それ・これ・新聞^{しんぶん}

③ それ・これ・スマホ ④ あれ・あれ・かさ

단어 더하기

ネックレス [넥꾸레스] 목걸이   **ベルト** [베루또] 벨트   **ネクタイ** [네꾸따이] 넥타이

マフラ [마후라] 머플러   **ハンカチ** [함까찌] 손수건   **かがみ** [카가미] 거울

3 보기와 같이 제시된 단어로 대화문을 연습해 보세요.

▼ 새로 나온 단어

カメラ [카메라]
카메라

> 보기 これ・先生の 本・それ・先生の
>
> → A これは 先生の 本ですか。 이것은 선생님의 책입니까?
>
> B はい、それは 先生のです。 네, 그것은 선생님 것(책)입니다.

① これ・キムさんの かばん・それ・キムさんの

② これ・オさんの カメラ・それ・オさんの

③ それ・田中さんの スマホ・これ・田中さんの

④ あれ・中村さんの 車・あれ・中村さんの

4 보기와 같이 제시된 단어로 대화문을 연습해 보세요.

▼ 새로 나온 단어

ゆびわ [유비와] 반지

自転車 [じてんしゃ: 지뗀샤] 자전거

> 보기 その 財布・これ・私の
>
> → A その 財布は だれのですか。 그 지갑은 누구의 것입니까?
>
> B これは 私のです。 이것은 제 것(지갑)입니다.

① この ゆびわ・それ・キムさんの

② その かさ・これ・田中さんの

③ その めがね・これ・中村さんの

④ あの 自転車・あれ・先生の

スカーフ [스까-후] 스카프

サングラス [상구라스] 선글라스

手袋 [てぶくろ: 테부꾸로] 장갑

カード [카-도] 카드

ブーツ [부-쯔] 부츠

1 밑줄 친 부분에 들어갈 알맞은 말을 보기에서 찾아 문장을 완성해 보세요.

> 보기 これ   の   何   この

① _____ 車は あなたのですか。 (이 자동차는 당신 것입니까?)

② _____は 私の 本です。 (이것은 제 책입니다.)

③ 日本語_____ 本は 先生のです。

(일본어 책은 선생님 것입니다.)

④ あれは _____ですか。 (저것은 무엇입니까?)

2 밑줄 친 부분의 표현에 해당하는 일본어를 써 보세요.

① 그것은 何ですか。

⇨ _____

② 이것은 本です。

⇨ _____

③ 田中さんは 일본어 선생님ですか。

⇨ _____

④ あの かばんは 제(내) 것です。

⇨ _____

마네키네코 이야기

여러분들은 일본에 가 보신 적이 있나요?

일본에서 본 물건 중에서 특별히 기억에 남는 것에는 어떤 것이 있나요?

이번 쉬어가기 코너에서는 일본의 식당이나 상점 등에서 많이 보셨을 손을 들고 있는 고양이 인형에 대한 이야기를 해 볼까 해요.

이 고양이 이름이 뭔지 아세요?

이 고양이의 이름은 '마네키네코(招き猫)'라고 해요. 마네키네코(招き猫)의 뜻은 직역하자면 '초청하는 고양이'라고 할 수 있을 것 같아요. 마네키(招き)는 '마네쿠(招く): 초대하다, 초청하다. 손짓하여 부르다'는 동사에서 파생된 말이고, 네코란 고양이(猫)이에요. 그러니까 마네키네코(招き猫)는 '초청하는 고양이' 혹은 '손짓하며 부르는 고양이'라고 할 수 있지요.

그럼, 이 고양이가 손을 흔들며 부르는 것은 무엇일까요?

이것은 어느 쪽 손을 들고 있는가에 따라 다르답니다. 왼쪽 손을 들고 있는 고양이는 손님을, 오른쪽 손을 들고 있는 고양이는 돈과 행운을 부른다고 해요.

그럼 '두 손 다 들고 있으면 제일 좋겠네?'라는 생각이 드시죠?

맞아요. 그래서 요즘에는 만세하듯이 두 손을 모두 들고 있는 마네키네코(招き猫)가 있어요.

그런데 두 손을 모두 들고 있는 마네키네코(招き猫)는 생각보다 그다지 인기가 많지 않다고 합니다. 마치 빈털터리가 되어 두 손을 다 들고 항복하고 있는 것 같은 이미지 때문이라고 해요.

또한 마네키네코(招き猫)는 색상에 따라 그 의미가 달라지는데, 금색은 돈을, 핑크색은 사랑을 부르고, 검은색은 악마를 물리쳐 준다고 생각한다고 해요.

여러분들은 어떤 마네키네코(招き猫)가 제일 마음에 드시나요?

학습목표

이 과에서는 전화번호 묻고 답하기와 시간과 관련된 표현을 배워보기로 해요.
일상생활 속에서 가장 많이 사용하게 될 표현들을 위해 숫자부터 하나하나 익혀 볼까요?

● 문장을 듣고 따라 말해보세요. 4-1

▶ **失礼ですが、病院の 電話番号は**
しつれい　　　　びょういん　でんわばんごう
시쯔 레- 데 스 가　　뵤- 인 노　　뎅 와 방 고- 와

何番ですか。
なんばん
남 방 데 스 까

▷ いち ご なな なな の ご に さん ゼロ
１５７７－５２３０です。
이찌 고 나나 나나 노 고 니 산 제 로 데 스

▶ **病院は 何時から 何時までですか。**
びょういん　なんじ　　　なんじ
뵤- 잉 와　난 지 까 라　난 지 마 데 데 스 까

▷ **午前 ９時から 午後 ６時までです。**
ごぜん　くじ　　　ごご　ろくじ
고 젱 쿠 지 까 라　고 고　로쿠 지 마 데 데 스

전화번호는 몇 번입니까?

주요 표현
▶ 숫자 익히기(1)
▶ 전화번호 묻고 답하기
▶ 시간 묻고 답하기

주요 문형
▶ 失礼ですが、〜
▶ 〜は 何番ですか
▶ １５７７－５２３０です
▶ 〜は 〜時から 〜時までですか

▼ 새로 나온 단어

失礼ですが [しつれいですが: 시쯔레-데스가] 실례합니다만, 실례지만

病院 [びょういん: 뵤-잉] 병원

電話番号 [でんわばんごう: 뎅와방고-] 전화번호

何番 [なんばん: 남방] 몇 번

何時 [なんじ: 난지] 몇 시

〜から [카라] 〜부터

〜まで [마데] 〜까지

午前 [ごぜん: 고젱] 오전

9時 [くじ: 쿠지] 9시

〜時 [じ: 지] 〜시

午後 [ごご: 고고] 오후

6時 [ろくじ: 고꾸지] 6시

▶ 실례합니다만, 병원 전화번호는
　 몇 번입니까?

▷ 1577-5230입니다.

▶ 병원은 몇 시부터 몇 시까지입니까?

▷ 오전 9시부터 오후 6시까지입니다.

▼ 새로 나온 단어
今 [いま: 이마] 지금

1 失礼ですが　　실례합니다만(실례지만)

상대방에게 무엇인가 질문할 때 "실례합니다만"이란 표현을 사용하게 되면 무례하지 않고 정중한 느낌을 주기 때문에, 질문 앞에는 습관적으로 붙여 주는 것이 좋습니다. 이때 が는 문장 끝에 붙어서 '~만'이라고 하는 뜻을 나타냅니다.

> 失礼ですが、電話番号は 何番ですか。
> [시쯔레-데스가 뎅와방고-와 남방데스까]
> 실례합니다만, 전화번호는 몇 번입니까?
>
> 失礼ですが、今 何時ですか。
> [시쯔레-데스가 이마 난지데스까]
> 실례합니다만, 지금 몇 시입니까?

▼ 새로 나온 단어
何曜日 [なんようび: 난요-비] 무슨 요일

ケータイ [케-따이] 휴대폰, 핸드폰

出口 [でぐち: 데구찌] 출구

2 電話番号は 何番ですか

전화번호는 몇 번입니까?

전화번호를 물어보는 표현으로, 여기서 何番[なんばん]은 번호를 물어볼 때 사용하는 의문사입니다. 何[なん]이란 의문사는 何[なん]ですか(무엇입니까?)처럼 단독으로 쓰이기도 하지만, 何番[なんばん], 何時[なんじ](몇 시), 何曜日[なんようび](무슨 요일)처럼 여러 명사와 결합하여 다양한 의문사를 만듭니다.

> ケータイの 番号は 何番ですか。
> [케-따이노 방고-와 남방데스까]
> 휴대폰 번호는 몇 번입니까?
>
> 何番 出口ですか。 몇 번 출구입니까?
> [남방 데구찌데스까]

3　１５７７－５２３０です
いち　ご　なななな　の　ご　に　さんゼロ

1577-5230입니다

전화번호를 읽을 때는 아래의 숫자대로 읽는데, 숫자 0, 4, 9는 특별한 규칙 없이 둘 다 읽을 수 있습니다. 다만, 숫자 7은 しち와 なな 둘 다 읽을 수 있지만, しち는 いち와 비슷해서 なな로 읽는 경향이 많습니다. 중간의 하이픈 「—」은 の로 읽는다는 것을 기억하시면 됩니다.

0	1	2	3
ゼロ・れい	いち	に	さん
4	**5**	**6**	**7**
よん・し	ご	ろく	しち・なな
8	**9**	**10**	
はち	きゅう・く	じゅう	

4　何時から　何時までですか
なん　じ　　　なん　じ

몇 시부터 몇 시까지입니까?

❶ 何時　몇 시
なんじ

시간을 물어볼 때는 何時[なんじ]라는 의문사를 사용합니다. 또한 '몇 분'은 何分[なんぷん]을 사용합니다.

시(時)

1時	2時	3時	4時
いちじ	にじ	さんじ	よじ
5時	**6時**	**7時**	**8時**
ごじ	ろくじ	しちじ	はちじ
9時	**10時**	**11時**	**12時**
くじ	じゅうじ	じゅういちじ	じゅうにじ

▼ 새로 나온 단어

ゼロ・れい [제로・레-] 0, 제로, 영

いち [이찌] 1

に [니] 2

さん [상] 3

よん・し [용・시] 4

ご [고] 5

ろく [로꾸] 6

しち・なな [시찌・나나] 7

はち [하찌] 8

きゅう・く [큐-・쿠] 9

じゅう [쥬-] 10

何分 [なんぷん: 남뿡] 몇 분

4時 [よじ: 요지] 4시

11時 [じゅういちじ: 쥬-이찌지] 11시

12時 [じゅうにじ: 쥬-니지] 12시

문법 익히기

▼ 새로 나온 단어

~分 [ふん / ぷん: 훙/뿡] ~분

1分 [いっぷん: 입뿡] 1분

3分 [さんぷん: 삼뿡] 3분

4分 [よんぷん: 욤뿡] 4분

6分 [ろっぷん: 록뿡] 6분

8分 [はっぷん: 합뿡] 8분

10分 [じっぷん／じゅっぷん: 집뿡/쥽뿡] 10분

はん [항] 반

분(分)

1分	2分	3分	4分
いっぷん	にふん	さんぷん	よんぷん
5分	6分	7分	
ごふん	ろっぷん	ななふん・しちふん	
8分		9分	
はちふん・はっぷん		きゅうふん	
10分		20分	
じっぷん・じゅっぷん		にじっぷん・にじゅっぷん	
30分 / 半			
さんじっぷん・さんじゅっぷん / はん			
40分		50分	
よんじっぷん・よんじゅっぷん		ごじっぷん・ごじゅっぷん	

いま　なんじ
今 何時ですか。 지금 몇 시입니까?
[이마 난지데스까]

いま　なんじ　なんぷん
今 何時何分ですか。 지금 몇 시 몇 분입니까?
[이마 난지남뿡데스까]

❷ ～から ～まで ～부터 ～까지

～から～まで는 시간이나 거리, 범위 등에 쓰이는 표현으로서 '～부터 ～까지'라는 뜻을 가지는 조사입니다.

授業は 何時からですか。 수업은 몇 시부터입니까?
[쥬교-와 난지까라데스까]

アルバイトは 何時までですか。
[아루바이또와 난지마데데스까]
아르바이트는 몇 시까지입니까?

家から 会社まで 1時間 かかります。
[이에까라 카이샤마데 이찌지깡 카까리마스]
집에서 회사까지 한 시간 걸립니다.

5 午前 9時から 午後 6時までです

오전 9시부터 오후 6시까지입니다.

시간을 정확하게 표현하기 위한 기본명사를 익혀 봅시다.

午前 오전	午後 오후	
朝 아침	お昼 낮, 점심	夜 저녁
晩 밤	明け方 새벽	夜中 한밤중

授業は 午前 10時からです。 수업은 오전 10시부터입니다
[쥬교-와 고젱 쥬-지까라데스]

アルバイトは お昼の 12時までです。
[아루바이또와 오히루노 쥬-니지마데데스]
아르바이트는 낮 12시까지입니다.

말해보기

▼ 새로 나온 단어

文化センター [ぶんかセンター: 붕까센따-] 문화센터

学校 [がっこう: 각꼬-] 학교

事務室 [じむしつ: 지무시쯔] 사무실

1 보기와 같이 제시된 단어로 대화문을 연습해 보세요.

> **보기** 病院(びょういん)・1577−7516(いち ご なななな の なな ご いちろく)
>
> → A 病院(びょういん)の 電話番号(でんわばんごう)は 何番(なんばん)ですか。
>
> 병원 전화번호는 몇 번입니까?
>
> B 1577−7516(いち ご なななな の なな ご いちろく)です。 1577−7516입니다.

① 文化(ぶんか)センター・031−745−9671(ゼロさんいち の ななよんご の きゅうろくなないち)

② 学校(がっこう)・02−3290−1684(ゼロに の さんにきゅうゼロ の いちろくはちよん)

③ 事務室(じむしつ)・053−920−5867(ゼロごさん の きゅうにゼロ の ごはちろくなな)

④ 銀行(ぎんこう)・1588−3434(いちごはちはち の さんよんさんよん)

2 보기와 같이 제시된 단어로 대화문을 연습해 보세요.

> **보기** 1時20分(いち じ にじゅっぷん)
>
> → A 今(いま) 何時(なんじ)ですか。 지금 몇 시입니까?
>
> B 1時20分(いち じ にじゅっぷん)です。 1시 20분입니다.

① 2時30分(に じ さんじゅっぷん)

② 4時15分(よ じ じゅうごふん)

③ 7時40分(しち じ よんじゅっぷん)

④ 9時55分(く じ ごじゅうごふん)

단어 더하기

映画館 [えいがかん: 에-가깡] 영화관

スーパー [스-빠-] 슈퍼마켓

本屋 [ほんや: 홍야] 서점, 책방

コンビニ [콤비니] 편의점

お店 [おみせ: 오미세] 가게

空港 [くうこう: 쿠-꼬-] 공항

食堂 [しょくどう: 쇼꾸도-] 식당

薬局 [やっきょく: 약꾜꾸] 약국

美容室 [びようしつ: 비요-시쯔] 미용실

3 보기와 같이 제시된 단어로 대화문을 연습해 보세요.

▼ 새로 나온 단어

図書館 [としょかん: 토쇼깡] 도서관

レストラン [레스또랑] 레스토랑

デパート [데빠–또] 백화점

| 보기 | 授業・am ９：００〜pm ９：５０ |

→ **A** 授業は 何時から 何時までですか。

수업은 몇 시부터 몇 시까지입니까?

B 午前 ９時から 午後 ９時５０分までです。

오전 9시부터 오후 9시 50분까지입니다.

① 銀行・am 9:00〜pm 4:00

② 図書館・am 6:00〜pm 11:00

③ レストラン・am 11:00〜pm 10:00

④ デパート・am 10:30〜pm 8:00

地下鉄駅 [ちかてつえき: 치까떼쯔에끼] 지하철역

郵便局 [ゆうびんきょく: 유–빙꾜꾸] 우체국

研究所 [けんきゅうじょ: 켄뀨–죠] 연구소

バスターミナル [바스타–미나루] 버스터미널

喫茶店 [きっさてん: 킷사뗑] 찻집, 커피숍

スポーツセンター [스뽀–쯔센따–] 스포츠센터

1 밑줄 친 부분에 들어갈 알맞은 말을 보기에서 찾아 문장을 완성해 보세요.

보기 何時(なんじ)   まで   何番(なんばん)   から   が

① 失礼(しつれい)です＿＿＿。 (실례합니다만.)

② 電話番号(でんわばんごう)は ＿＿＿ですか。 (전화번호는 몇 번입니까?)

③ 今(いま) ＿＿＿ですか。 (지금 몇 시입니까?)

④ 病院(びょういん)は 何時(なんじ)＿＿＿ですか。 (병원은 몇 시부터입니까?)

⑤ デパートは 何時(なんじ)＿＿＿ですか。 (백화점은 몇 시까지입니까?)

2 다음 문장을 히라가나로 읽고 뜻을 써 보세요.

① 朝 7時

⇨ ＿＿＿＿＿＿＿＿＿＿＿＿＿＿＿

② 午前 10時

⇨ ＿＿＿＿＿＿＿＿＿＿＿＿＿＿＿

③ 午後 6時

⇨ ＿＿＿＿＿＿＿＿＿＿＿＿＿＿＿

④ 電話番号は 1588-0234です。

⇨ ＿＿＿＿＿＿＿＿＿＿＿＿＿＿＿

쉬어가기

일본의 전화이야기

여러분들은 일본의 지인에게 국제전화를 걸어 보신 적 있나요?

일본인 친구의 휴대폰 번호가 090-1234-5678이라고 합시다. (우리나라의 휴대폰 번호가 010으로 통일된 것처럼 일본은 090, 080 두 가지 번호로 시작합니다.) 이 휴대폰으로 전화를 걸고 싶으시면 어떻게 하시면 될까요?

우선 국제전화 서비스 번호인 001이나 002나 00700 중에서 하나를 택하셔서 이를 제일 먼저 눌러 주세요. 그리고 휴대폰 번호를 누르기 전에 일본 국가번호를 눌러야 합니다. 일본 국가번호가 몇 번인지 아시나요 ? 일본 국가번호는 81입니다(우리나라의 국가번호는 82입니다.).

국가번호를 누른 후 중요한 것은 090에서 0을 제외한 90을 누르셔야 한다는 것!!

예를 들어 001 국제전화 서비스를 이용할 경우 001-81-90-1234-5678을 누르면 됩니다.

만약 휴대폰 아니라 전화로 도쿄나 오사카에 있는 친구에게 연락을 하게 될 경우는 어떻게 하면 될까요? 도쿄의 지역번호는 03, 오사카의 지역번호는 06(072를 쓰는 지역도 있으나 대부분 06)입니다. 이 경우도 원리는 마찬가지입니다. 002 국제 전화 서비스를 이용한다고 하면 002-81-3-XXXX-XXXX로 전화를 하면 되지요.

여기서 잠깐 일본의 특수 전화번호 110번에 대해 알아볼까요?

일본의 특수 번호 110번(발음:햐쿠토반)은 일본에서 다급한 모든 상황에서 사용할 수 있는 광범위 안전대책번호와 같습니다.

불이 났을 때, 치한이나 강도를 만났을 때, 응급차를 부르고 싶을 때 등 어떤 다급한 상황에서 도움을 요청하고 싶을 때 햐쿠토반 하나만 기억하고 있으면 OK입니다. 110번은 일본인에게 있어서 모든 문제의 해결사와 같은 번호라고 생각하면 됩니다.

그래서 일본인에게 이 110번은 특별한 의미가 있고 드라마나 노래, 만화 제목 등에 자주 110번이 등장합니다. TV 드라마 「愛の１１０番(사랑의 110번)」처럼.

여러분들에게 있어서 모든 문제의 해결번호는 몇 번인가요?

05 これは いくらですか。

학습목표

이번 과에서는 가격을 묻고 답하는 표현을 배워보기로 해요.
이를 위해서는 천 단위, 만 단위 숫자도 익히고, 한 개, 두 개 수량을 말하는 표현도 알아야겠지요?
일본에서 쇼핑하는 순간을 위하여~.

● 문장을 듣고 따라 말해보세요. 5-1

▶ これは いくらですか。
코 레 와   이 꾸 라 데 스 까

▷ これは ２０００円で、
코 레 와   니 셍   엔 데

あれは ２５００円です。
아 레 와   니 센 고 햐 꾸   엔 데 스

▶ じゃ、これと あれ 一つずつ ください。
쟈   코 레 또 아 레 히 또 쯔 즈 쯔 쿠 다 사 이

▷ はい、全部で ４５００円です。
하 이   젬 부 데   욘 센 고 햐 꾸   엔 데 스

이것은 얼마입니까?

주요 표현
▶ 숫자 익히기(2)
▶ 가격 묻고 답하기

주요 문형
▶ ～は　いくらですか。
▶ ～は　～円で、～は　～円です
▶ ～ずつ　ください
▶ 全部で　～です

▼ 새로 나온 단어

いくら [이꾸라] 얼마

2000 [にせん: 니셍] 2000

～円 [えん: 엥] ～엔

～で [데] ~이고

2500 [にせんごひゃく: 니셍고하꾸] 2500

じゃ [쟈] 그럼

一つ [ひとつ: 히또쯔] 하나, 한 개

～ずつ [즈쯔] ~씩

ください [쿠다사이] 주세요

全部で [ぜんぶで: 젬부데] 전부해서

4500 [よんせんごひゃく: 욘셍고하꾸] 4500

▶ 이것은 얼마입니까?

▷ 이것은 2000엔이고 저것은 2500엔입니다.

▶ 그럼, 이것과 저것 하나씩 주세요.

▷ 네, 전부해서 4500엔입니다.

1 これは いくらですか　이것은 얼마입니까?

いくらは 가격을 물을 때 사용하는 의문사로 '얼마'에 해당합니다.

それは いくらですか。 그것은 얼마입니까?
[소레와 이꾸라데스까]

この かばんは いくらですか。 이 가방은 얼마입니까?
[코노 카방와 이꾸라데스까]

あの 時計は いくらですか。 저 시계는 얼마입니까?
[아노 토께-와 이꾸라데스까]

▼ 새로 나온 단어

ひゃく [햐꾸] 100

さんびゃく [삼바꾸] 300

ろっぴゃく [롭빠꾸] 600

はっぴゃく [합빠꾸] 800

せん [셍] 1000

さんぜん [산젱] 3000

はっせん [핫셍] 8000

2 これは 2000円で、あれは 2500円です

이것은 2000엔이고 저것은 2500엔입니다

1 숫자 익히기(2)

100단위

100	200	300	400	500
ひゃく	にひゃく	さんびゃく	よんひゃく	ごひゃく
600	700	800	900	
ろっぴゃく	ななひゃく	はっぴゃく	きゅうひゃく	

1000단위

1000	2000	3000	4000	5000
せん	にせん	さんぜん	よんせん	ごせん
6000	7000	8000	9000	
ろくせん	ななせん	はっせん	きゅうせん	

10000단위

❶1万	10万	100万	1000万
いちまん	じゅうまん	ひゃくまん	せんまん

ここは　１００円ショップです。 여기는 100엔숍입니다.
[코꼬와　하꾸엔숍뿌데스]

あれは　１５０ドルです。 저것은 150달러입니다.
[아레와　햐꾸고쥬-도루데스]

これは　３５０００ウォンです。 이것은 35,000원입니다.
[코레와　삼망고셍원데스]

❷ ～で　～이고

～で는 '～이고'라는 뜻으로, 두 개 이상의 물건이나 대상을 구분하여 말할 때 사용합니다.

私は　韓国人で、彼は　中国人です。
[와따시와　캉꼬꾸진데 카레와　츄-고쿠진데스]
저는 한국인이고 그는 중국인입니다.

彼女は　先生で、彼は　学生です。
[카노죠와　센세-데 카레와　가쿠세-데스]
그녀는 선생님이고 그는 학생입니다.

うどんは　６００円で、ラーメンは　８５０円です。
[우동와　롭뺘꾸엔데 라멘와　합뺘꾸고쥬-엔데스]
우동은 600엔이고 라면은 850엔입니다.

❶ 1万

1000은 せん이라고 하지만, 10000은 いちまん이라고 해야 합니다.

▼ 새로 나온 단어

1万 [いちまん: 이찌망] 10000

10万 [じゅうまん: 쥬-망] 100000

100万 [ひゃくまん: 햐꾸망] 1000000

100万 [せんまん: 셈망] 10000000

ここ [코꼬] 여기, 이곳

ショップ [숍뿌] 숍, 가게

～ドル [도루] ~달러

～ウォン [원] ~원

うどん [우동] 우동

ラーメン [라-멩] 라면

3 これと あれ 一(ひと)つずつ ください。

이것과 저것 하나씩 주세요.

① 물건 개수 세기

물건을 셀 때 개수를 나타내는 수사 중에서 가장 광범위하게 사용할 수 있는 것이 '하나, 둘, ~/한 개, 두 개, ~'에 해당하는 一[ひと]つ, 二[ふた]つ와 같은 수사입니다.

一(ひと)つ 하나, 한 개	一個(いっこ) 한 개
二(ふた)つ 둘, 두 개	二個(にこ) 두 개
三(みっ)つ 셋, 세 개	三個(さんこ) 세 개
四(よっ)つ 넷, 네 개	四個(よんこ) 네 개
五(いつ)つ 다섯, 다섯 개	五個(ごこ) 다섯 개
六(むっ)つ 여섯, 여섯 개	六個(ろっこ) 여섯 개
七(なな)つ 일곱, 일곱개	七個(ななこ) 일곱 개
八(やっ)つ 여덟, 여덟 개	八個(はっこ) 여덟 개
九(ここの)つ 아홉, 아홉 개	九個(きゅうこ) 아홉 개
十(とお) 열, 열 개	十個(じゅっこ) 열 개

② ～ずつ ～씩

～ずつ는 '~씩'이라는 뜻으로, 수량이나 분량을 나타내는 말에 붙어서 일정한 분량으로 균등하게 분할하거나 제한하는 의미를 가집니다.

10000(いちまん)ウォンずつ あげました。
[이찌망원즈쯔 아게마시따]
10000원씩 주었습니다.

一人(ひとり)ずつ 乗(の)ります。 한 사람씩 탑니다.
[히또리즈쯔 노리마스]

▼ 새로 나온 단어

❸ ください 주세요

'주세요'라는 뜻으로. 우리말에서도 '그거 주세요', '그것을 주세요'라고 하듯이 달라고 하는 물건 뒤에 조사 '을, 를'에 해당하는 조사 を를 넣어도 되고 생략해도 됩니다.

〜を [오] ~을(를)

ビール [비-루] 맥주

> **これ ください。** 이거 주세요.
> [코레 쿠다사이]
>
> **それを ください。** 그것을 주세요.
> [소레오 쿠다사이]
>
> **ビール ください。** 맥주 주세요.
> [비-루 쿠다사이]

4 全部で 4500円です 전부해서 4500엔입니다

全部[ぜんぶ] で는 '전부해서, 다해서'라고 하는 뜻입니다. 全部[ぜんぶ] で에서의 で는 합계한 수량을 나타내는 조사로, '~해서, ~에'라는 뜻을 나타냅니다.

> **二つで 1000ウォンです。** 두 개에 1000원입니다.
> [후따쯔데 셍원데스]
>
> **全部で 10個です。** 전부해서 열 개입니다.
> [젬부데 쥭꼬데스]
>
> **全部で 15000ウォンです。** 다해서 15000원입니다.
> [젬부데 이찌망고셍원데스]

1 보기와 같이 제시된 단어로 대화문을 연습해 보세요.

> 보기 これ・３５００
> さんぜんごひゃく
>
> → A これは いくらですか。 이것은 얼마입니까?
>   B ３５００ウォンです。 3500원입니다.
>   さんぜんごひゃく

① 日本語の 本・１４５００ ② 財布・１３００００
  にほんご ほん いちまんよんせんごひゃく さいふ じゅうさんまん

③ ボールペン・７５０ ④ めがね・９８０００
  ななひゃくごじゅう きゅうまんはっせん

▼ 새로 나온 단어

りんご [링고] 사과

みかん [미깡] 귤

なし [나시] 배

かき [카끼] 감

もも [모모] 복숭아

2 보기와 같이 제시된 단어로 대화문을 연습해 보세요.

> 보기 りんご・三つ・５０００
>   みっ ごせん
>
> → A りんごは いくらですか。 사과는 얼마입니까?
>   B 三つで ５０００ウォンです。 세 개에 5000원입니다.
>   みっ ごせん

① みかん・八つ・１５００
  やっ せんごひゃく

② なし・四つ・６０００
  よっ ろくせん

③ かき・五つ・２０００
  いつ にせん

④ もも・六つ・１００００
  むっ いちまん

ブラウス [브라우스] 블라우스   **シャツ** [샤쯔] 셔츠   **スカート** [스까또] 스커트

パンツ [판쯔] 팬츠   **コート** [코-또] 코트   **ワンピース** [왐삐-스] 원피스

スーツ [스-쯔] 수트   **ドレス** [도레스] 드레스   **セーター** [세-따-] 스웨터

3 보기와 같이 제시된 단어로 대화문을 연습해 보세요.

> 보기 コーヒー・アメリカーノ・２００円・カフェオレ
> ・２５０円
>
> → A コーヒーは いくらですか。 커피는 얼마입니까?
>
> B アメリカーノは ２００円で、カフェオレは
> ２５０円です。
>
> 아메리카노는 200엔이고 카페오레는 250엔입니다.

① うどん・たぬきうどん・５００円・きつねうどん・５５０円

② ケーキ・チーズケーキ・３５０円・チョコレートケーキ・
４００円

③ スパゲッティ・トマトソース・９８０円・クリームソー
ス・１０５０円

④ 自動車・新車・３２０万円・中古車・１６８万円

▼ 새로 나온 단어

コーヒー [코-히-] 커피

アメリカーノ [아메리까-노] 아메리카노

カフェオレ [카훼오레] 카페오레

たぬきうどん [타누끼우동] 타누키우동

きつねうどん [키쯔네우동] 유부우동

ケーキ [케-끼] 케이크

チーズケーキ [치-즈케-끼] 치즈케이크

チョコレートケーキ [쵸꼬레-또케-끼] 초콜릿케이크

スパゲッティ [스빠겟띠] 스파게티

トマトソース [토마또소-스] 토마토 소스

クリームソース [쿠리-무소-스] 크림 소스

新車 [しんしゃ: 신샤] 신차, 새 차

中古車 [ちゅうこしゃ: 츄-꼬샤] 중고차

ジーンズ [진-즈] 청바지   ニット [닛또] 니트   ズボン [즈봉] 바지

ジャケット [쟈껫또] 재킷   靴下 [くつした: 쿠쯔시따] 양말   下着 [したぎ: 시따기] 속옷

1 밑줄 친 부분에 들어갈 알맞은 말을 보기에서 찾아 문장을 완성해 보세요.

보기 　ください　　三つ(みっ)で　　で　　いくら

① これは _____ ですか。 (이것은 얼마입니까?)

② それを _____ 。 (그것을 주세요.)

③ _____ ２０００(にせん)ウォンです。 (세 개에 2000원입니다.)

④ これは １５００(せんごひゃく)ウォン _____ あれは ２０００(にせん)ウォンです。

(이것은 1500원이고, 저것은 2000원입니다.)

2 밑줄 친 부분의 표현을 일본어를 써 보세요.

① <u>전부해서</u> いくらですか。

⇨ _____

② <u>한 개씩</u> ください。

⇨ _____

③ これは <u>일본어 책이고</u> あれは 英語(えいご)の 本(ほん)です。

⇨ _____

④ <u>이것과 그것</u> ください。

⇨ _____

쉬어가기

도쿄의 쇼핑 거리

 도쿄에서 쇼핑을 하려면 어디로 가면 될까요?

 백화점이 즐비하게 늘어서 있는 고급스러운 긴자(銀座) 거리, 한국타운 신오쿠보(新大久保)에서 가까운 친숙한 이름의 신주쿠(新宿) 거리, 패션으로 유명한 하라주쿠(原宿) 거리, 전자쇼핑의 1번지 아키하바라(秋葉原) 거리 등을 들 수 있겠습니다. 또한 서울의 청담동 거리와 같은 도쿄의 샹젤리제로 불리는 오모테산도(表参道) 거리는 루이비통과 구찌를 비롯한 유명 브랜드와 아울렛, 최신 유행 부티크 상점들과 트렌디 카페, 바, 레스토랑이 있습니다.

 그런데 이렇게 유명한 여러 거리 중에서도 일본만의 독특한 문화를 엿볼 수 있는 이색적인 쇼핑 거리를 손꼽자면 아키하바라(秋葉原)일 것입니다. 요즘의 아키하바라(秋葉原)는 전자 쇼핑 1번지일 뿐만 아니라 일본의 애니매이션, 망가, 캐릭터 피규어 및 여러 메이드카페를 비롯한 이색 카페들로 독특한 일본 문화를 대표하는 거리가 되었습니다. 오타쿠의 성지, 피규어와 코스프레 천국 등 아키하바라(秋葉原)의 여러 별명이 말해주고 있듯이 일본의 애니매이션이나 캐릭터를 좋아하는 이들에게는 천국과도 같은 곳입니다.

 또한 아키하바라(秋葉原)는 이색적인 카페들로도 유명합니다. 우리나라에도 많은 매니아층이 있는 건담 프라모델을 좋아하는 이들을 위한 건담카페를 비롯하여 메이드카페, 집사 카페 등 만화 속의 주인공들이 되고 싶어하는 이들의 상상력을 자극하는 카페들이 즐비합니다. 이색적인 일본 거리를 체험해 보고 싶다면 아키하바라(秋葉原)에 가 보는 것은 어떨까요?

06 お誕生日は いつですか。

학습목표

여러분의 생일은 언제입니까?
일본에서 생일을 물어보고 축하해 주는 것은 실례가 아니지만,
나이를 물어보는 것은 조금 조심해야 한답니다. 물론 친한 사이라면 상관없겠지요.
이 과에서는 생일과 나이를 묻고 답하는 것을 배워보기로 하겠습니다.

● 문장을 듣고 따라 말해보세요. 6-1

▶ 先生の お誕生日は いつですか。
센세-노 오탄죠-비와 이쯔데스까

▷ 私の 誕生日は ７月３１日、
와따시노 탄죠-비 와 시찌 가쯔 산쥬-이찌니찌

来週の 土曜日です。
라이 슈-노 도요-비데스

▶ 失礼ですが、おいくつですか。
시쯔레-데스가 오이꾸쯔데스까

▷ いつも 青春、二十歳です。
이쯔모 세-슝 하따찌 데스

생신은 언제입니까?

주요 표현
▶ 생일 묻고 답하기
▶ 나이 묻고 답하기
▶ 날짜, 요일 말하기

주요 문형
▶ お誕生日は いつですか
▶ 失礼ですが、おいくつですか
▶ 〜は 〜月〜日、〜曜日です

▼ 새로 나온 단어

お誕生日 [おたんじょうび: 오탄죠−비] 생신, 생일

いつ [이쯔] 언제

7月 [しちがつ: 시찌가쯔] 7월

31日 [さんじゅういちにち: 산쥬−이찌니찌] 31일

〜月 [がつ: 가쯔] 〜월

〜日 [にち: 니찌] 〜일

来週 [らいしゅう: 라이슈−] 다음 주

土曜日 [どようび: 도요−비] 토요일

〜曜日 [ようび: 요−비] 〜요일

おいくつ [오이꾸쯔] 몇 살

いつも [이쯔모] 언제나, 항상

青春 [せいしゅん: 세−슝] 청춘

二十歳 [はたち: 하따찌] 스무 살, 20세

▶ 선생님의 생신은 언제입니까?

▷ 제 생일은 7월 31일, 다음 주 토요일입니다.

▶ 실례지만, 몇 살이세요?

▷ 언제나 청춘, 스무 살입니다.

❶ 誕生日

자신의 생일이나 자기 가족의 생일을 이야기 할 때는 誕生日라고 하는 것이 좋습니다.
お誕生日라고 하면 자신이나 자신의 가족을 존중하는 표현이 되기 때문에 상대방 앞에서 낮추는 것을 미덕으로 생각하는 일본어에서는 별로 좋지 않습니다.

▼ 새로 나온 단어

お茶 [おちゃ: 오챠] (녹)차

どうぞ [도–죠] 드세요

お水 [おみず: 오미즈] 물

ご住所 [ごじゅうしょ: 고쥬–쇼] 주소

お願いします [おねがいします: 오네가이시마스] 부탁합니다

引っ越し [ひっこし: 힉꼬시] 이사

試験 [しけん: 시껭] 시험

結婚 [けっこん: 켁꽁] 결혼

記念日 [きねんび: 키넴비] 기념일

1 先生の お誕生日は いつですか
선생님의 생신은 언제입니까?

❶ お誕生日　생신, 생일

생일은 일본어로 ❶誕生日[たんじょうび]입니다. 그런데 상대방을 존중하는 의미에서 정중하고 공손하게 말할 때는 お誕生日[たんじょうび]가 됩니다.(명사 앞에 お나 ご를 붙이면 정중어가 되는 것이지요.)
우리말에서 생신은 웃어른에게만 쓰지만, 일본어에서 お誕生日는 친구나 동료 등 친한 사이에서도 사용합니다. 또한 많은 단어들이 お나 ご가 붙어 있는 것이 원래 단어인 것처럼 자연스럽게 느껴지는 경우가 있습니다.

お茶を どうぞ。차를 드세요. (차를 권할 때)
[오챠오 도–죠]

お水 ください。물 주세요.
[오미즈 쿠다사이]

お名前と ご住所 お願いします。
[오나마에또 고쥬–쇼 오네가이시마스]
성함과 주소 부탁합니다.

❷ いつですか　언제입니까?

어느 시점인지를 물어볼 때는 '언제'라는 뜻의 의문사인 いつ는 사용합니다.

引っ越しは いつですか。이사는 언제입니까?
[힉꼬시와 이쯔데스까]

試験は いつですか。시험은 언제입니까?
[시껭와 이쯔데스까]

結婚記念日は いつですか。결혼기념일은 언제입니까?
[켁꽁끼넴비와 이쯔데스까]

2 私の 誕生日は 7月31日、来週の 土曜日です 제 생일은 7월 31일, 다음 주 토요일입니다

❶ 〜月 〜월

1月	2月	3月	4月	5月	6月
いちがつ	にがつ	さんがつ	しがつ	ごがつ	ろくがつ

7月	8月	9月	10月	11月	
しちがつ	はちがつ	くがつ	じゅうがつ	じゅういちがつ	

12月	何月	
じゅうにがつ	なんがつ	

❷ 〜日 〜일

1日	2日	3日	4日	5日
ついたち	ふつか	みっか	よっか	いつか
6日	7日	8日	9日	10日
むいか	なのか	ようか	ここのか	とおか
11日	12日	13日	14日	15日
じゅういちにち	じゅうににち	じゅうさんにち	じゅうよっか	じゅうごにち
16日	17日	18日	19日	20日
じゅうろくにち	じゅうしちにち	じゅうはちにち	じゅうくにち	はつか
21日	22日	23日	24日	25日
にじゅういちにち	にじゅうににち	にじゅうさんにち	にじゅうよっか	にじゅうごにち
26日	27日	28日	29日	30日
にじゅうろくにち	にじゅうしちにち	にじゅうはちにち	にじゅうくにち	さんじゅうにち

31日	何日	
さんじゅういちにち	なんにち	

문법 익히기

❶ おいくつ
おいくつ란 의문사는 '몇, 몇 개'라는 의미의 의문사 いくつ에 정중한 표현을 만드는 お가 붙은 것입니다.

❸ ～曜日 ～요일

월요일	화요일	수요일	목요일
げつようび 月曜日	かようび 火曜日	すいようび 水曜日	もくようび 木曜日
금요일	토요일	일요일	무슨 요일
きんようび 金曜日	どようび 土曜日	にちようび 日曜日	なんようび 何曜日

❹ 그 밖의 일시와 관련된 어휘

엊그제	어제	오늘	내일	모레
おととい 一昨日	きのう 昨日	きょう 今日	あした 明日	あさって 明後日
지지난주	지난주	금주	다음 주	다다음 주
せんせんしゅう 先々週	せんしゅう 先週	こんしゅう 今週	らいしゅう 来週	さらいしゅう 再来週

3 失礼ですが、おいくつですか

실례지만, 몇 살이세요?

❶ おいくつですか는 나이를 물어볼 때 사용하는 표현입니다. 나이라는 명사는 年[とし], 정중하게는 お年[とし]입니다만, 굳이 お年[とし]はおいくつですか라고 하지 않고, おいくつですか라는 표현만으로 나이를 물어보는 것이 됩니다. 나이 외에 띠나 생년월일을 물어볼 때의 표현은 아래와 같습니다.

しつれい　　　　　　なんねん う
失礼ですが、何年生まれですか。 실례지만, 몇 년생입니까?
[시쯔레-데스가　난넹우마레데스까]

しつれい　　　　　なにどし
失礼ですが、何年ですか。 실례지만, 무슨 띠입니까?
[시쯔레-데스가　나니도시데스까]

しつれい　　　　　せいねんがっぴ
失礼ですが、生年月日は？ 실례지만, 생년월일은?
[시쯔레-데스가　세-넹갑삐와]

---

4 いつも 青春、二十歳です

언제나 청춘, 스무 살입니다.

나이를 이야기할 때 '~세, ~살'은 숫자에 歳[さい]를 붙이면 됩니다. 다만 20세인 경우는 표기는 二十歳로 하지만, にじゅっさい라고 읽지 않고 はたち라고 읽습니다. 또한 우리말에서도 나이를 이야기할 때 굳이 '~세, ~살'이라고 하지 않고 숫자만 이야기하듯이 일본어에서도 숫자로만 나이를 이야기하는 경우가 많습니다.

孫は ５歳です。 손자는 5살입니다.
[마고와 고사이데스]

５４歳です。 54세입니다.
[고쥬−욘사이데스]

今年 ６０です。 올해 60입니다.
[코또시 로꾸쥬−데스]

1歳	2歳	3歳	4歳
いっさい	にさい	さんさい	よんさい
5歳	6歳	7歳	8歳
ごさい	ろくさい	ななさい	はっさい
9歳	10歳	11歳	12歳
きゅうさい	じゅっさい	じゅういっさい	じゅうにさい
13歳	14歳	15歳	16歳
じゅうさんさい	じゅうよんさい	じゅうごさい	じゅうろくさい
17歳	18歳	19歳	20歳
じゅうななさい	じゅうはっさい	じゅうきゅうさい	はたち
30歳	40歳	50歳	60歳
さんじゅっさい	よんじゅっさい	ごじゅっさい	ろくじゅっさい

▼ 새로 나온 단어

孫 [まご: 마고] 손자

5歳 [ごさい: 고사이] 5살

〜歳 [さい: 사이] 〜세, 〜살

今年 [ことし: 코또시] 올해, 금년

▼ 새로 나온 단어

何月何日 [なんがつ なんにち: 낭가쯔난니찌] 몇 월 며칠

1 보기와 같이 제시된 단어로 대화문을 연습해 보세요.

보기 **明日 ・ 1月 3日**

→ A **明日は 何月何日ですか。** 내일은 몇 월 며칠입니까?

B **1月 3日です。** 1월 3일입니다.

---

① 明日 ・ 5月 5日   ② 今日 ・ 6月 6日

③ 明日 ・ 8月 1 5日   ④ 今日 ・ 1 0月 9日

2 보기와 같이 제시된 단어로 대화문을 연습해 보세요.

보기 **田中さん ・ 9月 1 1日**

→ A **田中さんの お誕生日は いつですか。**

다나카 씨의 생일은 언제입니까?

B **私の 誕生日は 9月 1 1日はです。**

제 생일은 9월 11일입니다.

---

① 中村さん ・ 2月 1 4日   ② 小林さん ・ 3月 1 0日

③ パクさん ・ 4月 2 3日   ④ カンさん ・ 7月 7日

단어 더하기   자신의 띠를 이야기할 때는 아래의 동물 이름 뒤에 年[とし]를 붙이면 됩니다. 예를 들어 쥐띠의 경우 ねずみ年[どし]라고 하면 됩니다.

ねずみ [네즈미] 쥐   **うし** [우시] 소   **とら** [토라] 호랑이(범)

うさぎ [우사기] 토끼   **たつ** [타쯔] 용   **へび** [헤비] 뱀

3 보기와 같이 제시된 단어로 대화문을 연습해 보세요.

> ^{せんきゅうひゃくろくじゅうきゅうねん}
> 보기　１９６９年
>
> → A ^{しつれい}失礼ですが、^{なんねん}何年^う生まれですか。
>
> 실례지만, 몇 년생입니까?
>
> B <u>^{せんきゅうひゃくろくじゅうきゅうねん}１９６９年^う生まれ</u>です。 1969년생입니다.

① ^{せんきゅうひゃくななじゅうねん}１９７０年 ② ^{せんきゅうひゃくろくじゅういちねん}１９６１年

③ ^{せんきゅうひゃくごじゅうななねん}１９５７年 ④ ^{せんきゅうひゃくごじゅうにねん}１９５２年

4 보기와 같이 제시된 단어로 대화문을 연습해 보세요.

> ^{ごじゅうろくさい}
> 보기　５６歳
>
> → A ^{しつれい}失礼ですが、おいくつですか。
>
> 실례지만, 몇 살입니까?
>
> B <u>^{ごじゅうろくさい}５６歳</u>です。 56세입니다.

① ^{にじゅうはっさい}２８歳 ② ^{さんじゅうごさい}３５歳

③ ^{よんじゅうななさい}４７歳 ④ ^{ろくじゅうにさい}６２歳

うま [우마] 말　　　ひつじ [히쯔지] 양　　　さる [사루] 원숭이

とり [토리] 닭　　　いぬ [이누] 개　　　いのしし [이노시시] 돼지

1 밑줄 친 부분에 들어갈 알맞은 말을 보기에서 찾아 문장을 완성해 보세요.

| 보기 | いつ | 誕生日 | 来週 | おいくつ |

① 先生の お誕生日は ＿＿＿＿ですか。

(선생님의 생신은 언제입니까?)

② 私の ＿＿＿＿は １０月３１日です。

(제 생일은 10월 31일입니다.)

③ ＿＿＿＿の 土曜日です。(다음 주 토요일입니다.)

④ 失礼ですが、＿＿＿＿ですか。(실례지만, 몇 살입니까?)

2 밑줄 친 부분의 표현을 일본어로 써 보세요.

① 先生の 생신은 언제입니까?

⇨ ＿＿＿＿＿＿＿＿＿＿＿＿＿＿＿＿＿＿＿＿

② 今日は 몇 월 며칠입니까.

⇨ ＿＿＿＿＿＿＿＿＿＿＿＿＿＿＿＿＿＿＿＿

③ 今日は 무슨 요일입니까.

⇨ ＿＿＿＿＿＿＿＿＿＿＿＿＿＿＿＿＿＿＿＿

④ 다음 주 월요일은 ５月１１日です。

⇨ ＿＿＿＿＿＿＿＿＿＿＿＿＿＿＿＿＿＿＿＿

쉬어가기

시치고산 이야기

한국에서는 아이의 첫 번째 생일을 기념하여 돌잔치를 성대하게 하지요.

반면 일본에서는 돌잔치라고 하는 이벤트를 한국처럼 하지 않습니다.

다만 돌잔치가 아기가 태어난 지 일 년이 된 것을 기념하며 건강하게 무럭무럭 자라나길 소망하며 축하해 주는 잔치라고 한다면, 일본에도 이와 비슷한 의미의 '시치고산(しちごさん, 七五三)'이 있답니다. 시치고산(七五三)은 7·5·3이라고 하는 숫자를 뜻하는데, 3살, 5살, 7살이 되면 이를 특별하게 기념하여 축하해 주는 전통 명절을 말합니다.

시치고산(七五三)은 에도시대에 만들어진 풍습인데, 아이의 사망률이 높았던 당시에는 3~4살이 되어서야 호적에 이름을 올렸으며, 그때까지 무사히 잘 자라난 것을 감사하며 건강하게 잘 성장하기를 기원하는 의식을 치루었던 것에서 유래하였다고 합니다. 3살 때는 남아, 여아 모두 시치고산(七五三)을 치루고 5살은 남아만, 7살은 여아만 시치고산(七五三)을 치룹니다.

이 시치고산(七五三)은 매해 11월 15일(최근에는 15일을 전후로 한 휴일)에 신사 혹은 사찰에서 치루는데, 이때 아이들은 일본의 전통의상인 기모노를 입고, 최근에는 미용실에서 메이크업과 머리 단장까지 하여 가장 예쁘고 멋있는 모습으로 치장하여 신사로 가지요. 이때 아이들은 '치토세아메(ちとせあめ, 千歳飴)'라고 하는 사탕이 든 학과 거북이가 그려진 긴 봉투를 선물로 받습니다. '치토세(ちとせ, 千歳)'란 천년을 의미하고 학과 거북은 장수를 상징하기 때문에 천세까지 오래 살라는 기원을 담은 선물인 것이지요.

가장 어여쁜 아이들의 모습을 보기 원한다면 11월 중순경에 일본의 신사를 방문해 보세요.

07 日本語の 勉強は 楽しいですか。

학습목표

이 과에서는 형용사와 관련된 표현과 문법을 배우기로 해요.
형용사는 사물의 성격이나 상태를 나타내는 표현으로, 형용사를 배우게 되면 여러분들의 기분이나 느낌,
사물의 모양이나 상태를 말할 수 있게 되지요. 우리에게도 익숙한 카와이이, 스고이 모두 형용사랍니다.
즐거운 마음으로 형용사를 익혀 볼까요?

● 문장을 듣고 따라 말해보세요. 7-1

▶ 日本語の 勉強は 楽しいですか。
니 홍 고 노   벵꾜- 와   타노 시 - 데 스 까

▷ 怖い 先生ですか。
코와 이   센세- 데 스 까

▶ いいえ、ぜんぜん 怖くないです。
이 - 에   젠 젱   코와 꾸 나 이 데 스

▷ 優しくて おもしろい 先生です。
야사 시 꾸 떼 오 모 시 로 이   센 세- 데 스

일본어 공부는 즐겁습니까?

주요 표현
▶ い형용사 기본형/정중형
▶ い형용사 부정형
▶ い형용사 연결형
▶ い형용사 명사수식형

주요 문형
▶ ～は 楽しいですか
▶ いいえ、ぜんぜん 怖くないです
▶ 優しくて おもしろい 先生です

▼ 새로 나온 단어

勉強 [べんきょう: 벵꾜-] 공부

楽しい [たのしい: 타노시-] 즐겁다

怖い [こわい: 코와이] 무섭다

ぜんぜん [젠젱] 전혀

～くない [꾸나이] ～(하)지 않다

優しい [やさしい: 야사시-] 상냥하다

～くて [꾸떼] ～(하)고

おもしろい [오모시로이] 재미있다

▶ 일본어 공부는 즐겁습니까?

▷ 무서운 선생님입니까?

▶ 아니요, 전혀 무섭지 않습니다.

▷ 상냥하고 재미있는 선생님입니다.

❶ 형용사

사람이나 동물·사물의 모양, 크기, 색깔, 성격, 특색 등을 나타내는 어휘로서, 명사를 수식하거나 서술할 때 쓰입니다. 예를 들어 '맛있는 음식', '착한 사람'처럼 명사를 꾸미거나 '날씨가 좋다', '선생님은 친절하다'처럼 서술할 때 사용하는 어휘입니다. 일본어 형용사에는 어미가 い로 끝나는 い형용사와 어미가 だ로 끝나는 な형용사 두 가지가 있습니다.

1 日本語の 勉強は 楽しいですか
일본어 공부는 즐겁습니까?

① い형용사의 기본형

楽[たの]しい처럼 기본형이 い로 끝나는 ❶형용사를 'い형용사'라고 합니다.

> やさしい 쉽다   おもしろい 재미있다   新しい 새롭다

② い형용사의 정중형

い형용사의 정중한 표현은 기본형에 です를 붙이면 됩니다.

やさしい 쉽다 → やさしいです 쉽습니다

おもしろい 재미있다 → おもしろいです 재미있습니다

新しい 새롭다 → 新しいです 새롭습니다

> この 本は やさしいです。 이 책은 쉽습니다.
> [코노 홍와 야사시-데스]
>
> 韓国の ドラマは おもしろいです。
> [캉꼬꾸노 도라마와 오모시로이데스]
> 한국 드라마는 재미있습니다.
>
> あの 店は 新しいです。 저 가게는 새롭습니다.
> [아노 미세와 아따라시-데스]

▼ 새로 나온 단어

やさしい [야사시-]
쉽다

新しい [あたらしい:
아따라시-] 새롭다

店 [みせ: 미세] 가게,
상점

③ い형용사의 의문형

い형용사의 기본형에 ですか를 붙이면 정중한 의문형이 됩니다.

やさしい 쉽다 → やさしいですか 쉽습니까?

おもしろい 재미있다 → おもしろいですか 재미있습니까?

新しい 새롭다 → 新しいですか 새롭습니까?

日本語は やさしいですか。 일본어는 쉽습니까?
[니홍고와 야사시-데스까]

この 映画は おもしろいですか。 이 영화는 재미있습니까?
[코노 에-가와 오모시로이데스까]

あの 店は 新しいですか。 저 가게는 새롭습니까?
[아노 미세와 아따라시-데스까]

2 怖い 先生ですか 무서운 선생님입니까?

い형용사의 수식형은 기본형과 같습니다. い형용사의 기본형 뒤에 명사를 붙여 주면 됩니다.

おもしろい 映画ですか。 재미있는 영화입니까?
[오모시로이 에-가데스까]

新しい 店ですか。 새로운 가게입니까?
[아따라시- 미세데스까]

高い かばんですか。 비싼 가방입니까?
[타까이 카방데스까]

새로 나온 단어

大きい [おおきい: 오-끼-] 크다

小さい [ちいさい: 치-사이] 작다

安い [やすい: 야스이] 값이 싸다

難しい [むずかしい: 무즈까시-] 어렵다

キムチ [키무찌] 김치

辛い [からい: 카라이] 맵다

3 いいえ、ぜんぜん 怖くないです

아니요, 전혀 무섭지 않습니다

① い형용사의 부정형

い형용사의 부정형은 기본형 어간에 くない를 붙이면 됩니다. 또한 여기에 です를 붙이면 정중한 표현이 됩니다. 이때 くないです는 くありません으로 표현해도 됩니다.

大きい (크다) → **大き**くない 크지 않다

　　　　　　 → **大き**くないです (=**大き**くありません) 크지 않습니다

小さい (작다) → **小さ**くない 작지 않다

　　　　　　 → **小さ**くないです (=**小さ**くありません) 작지 않습니다

高い (비싸다) → **高**くない 비싸지 않다

　　　　　　 → **高**くないです (=**高**くありません) 비싸지 않습니다

安い (싸다) → **安**くない 싸지 않다

　　　　　　 → **安**くないです (=**安**くありません) 싸지 않습니다

② ぜんぜん 전혀

부정형과 함께 쓰여 '전혀 ~하지 않다'라는 뜻을 나타내는 ❶정도부사로, 부정의 뜻을 강조할 때 사용합니다.

日本語の 勉強は ぜんぜん 難しくないです。

[니홍고노 벵꾜-와 전젱 무즈까시꾸나이데스]

일본어 공부는 전혀 어렵지 않습니다.

この キムチは ぜんぜん 辛くないです。

[코노 키무찌와 전젱 카라꾸나이데스]

이 김치는 전혀 맵지 않습니다.

あの 映画は ぜんぜん おもしろくないです。

[아노 에-가와 전젱 오모시로꾸나이데스]

저 영화는 전혀 재미있지 않습니다.

❶ 정도부사
정도부사란 어느 정도의 강도인지에 대한 표현을 도와주는 부사로서 ぜんぜん(전혀), あまり(그다지, 별로)와 같은 부사를 말합니다.

4 優しくて おもしろい 先生です

상냥하고 재미있는 선생님입니다.

い형용사를 두 개 이상 나열할 때는 기본형의 어간에 くて를 붙이는데, 이때 '~(하)고'라는 뜻이 됩니다.

優しい(상냥하다)+おもしろい(재미있다)

→ 優しくて おもしろい 상냥하고 재미있다

高い(비싸다)+新しい(새롭다) → 高くて 新しい 비싸고 새롭다

おいしい(맛있다)+安い(싸다) → おいしくて 安い 싸고 맛있다

優しくて おもしろい 先生です。
[야사시꾸떼 오모시로이 센세-데스]
상냥하고 재미있는 선생님입니다.

高くて 新しい 車です。 비싸고 새로운 차입니다.
[타까꾸떼 아따라시- 쿠루마데스]

おいしくて 安い ラーメンです。 싸고 맛있는 라면입니다.
[오이시꾸떼 야스이 라-멘데스]

※ 나열형은 이유와 원인을 나타내는 '~해서, ~이어서'란 뜻으로 쓰이기도 합니다.

駅が 近くて いいです。 역이 가까워서 좋습니다.
[에끼가 치까꾸떼 이이데스]

▼ 새로 나온 단어

おいしい [오이시-] 맛있다

駅 [えき: 에끼] 역

近い [ちかい: 치까이] 가깝다

いい [이이] 좋다

말해보기

▼ 새로 나온 단어

冷たい [つめたい: 츠메따이] 차갑다

1 보기와 같이 제시된 단어로 대화문을 연습해 보세요.

 7-2

> **보기** ラーメン・おいしい
>
> → A この ラーメンは おいしいですか。
>
> 　이 라면은 맛있습니까?
>
> B いいえ、おいしくないです。 아니요, 맛있지 않습니다.

① 本・難しい　　　② コーヒー・冷たい

③ かばん・安い　　　④ ドラマ・おもしろい

▼ 새로 나온 단어

くつ [쿠쯔] 신발, 구두

2 보기와 같이 제시된 단어로 대화문을 연습해 보세요.

 7-3

> **보기** コーヒー・おいしい
>
> → A この コーヒーは おいしいですか。
>
> 　이 커피는 맛있습니까?
>
> B はい、おいしい コーヒーです。
>
> 　네, 맛있는 커피입니다.

① 本・おもしろい　　　② くつ・新しい

③ 時計・高い　　　④ キムチ・辛い

단어 더하기　い형용사

悪い [わるい: 와루이] 나쁘다　　**かわいい** [카와이-] 귀엽다　　**うれしい** [우레시-] 기쁘다

うまい [우마이] 맛있다, 잘한다　　**しょっぱい** [숍빠이] 짜다　　**甘い** [あまい: 아마이] 달다

酸っぱい [すっぱい: 습빠이] 시다　　**油っぽい** [あぶらっぽい: 아부랍뽀이] 기름지다

3 보기와 같이 제시된 단어로 대화문을 연습해 보세요.

▼ 새로 나온 단어

教室 [きょうしつ: 쿄-시쯔] 교실

広い [ひろい: 히로이] 넓다

明るい [あかるい: 아까루이] 밝다

スマートフォン [스마-또훙] 스마트폰

보기 日本語の 勉強・楽しい・おもしろい

→ A 日本語の 勉強は 楽しいですか。

일본어 공부는 즐겁습니까?

B はい、楽しくて おもしろいです。

네, 즐겁고 재미있습니다.

① この 店の 料理・安い・おいしい

② 日本語の 先生・優しい・おもしろい

③ 教室・広い・明るい

④ この スマートフォン・新しい・高い

暑い [あつい: 아쯔이] 덥다　　**寒い** [さむい: 사무이] 춥다　　**涼しい** [すずしい: 스즈시-] 시원하다

熱い [あつい: 아쯔이] 뜨겁다　　**長い** [ながい: 나가이] 길다　　**短い** [みじかい: 미지까이] 짧다

확인하기

▼ 새로 나온 단어

ひらがな [히라가나]
히라가나

1 밑줄 친 부분에 들어갈 알맞은 말을 보기에서 찾아 문장을 완성해 보세요.

<u>보기</u>　おいしい　　おもしろい　　高_{たか}い　　新_{あたら}しい

① この 映画_{えいが}は ＿＿＿ です。(이 영화는 재미있습니다.)

② あの 店_{みせ}の 料理_{りょうり}は ＿＿＿ です。(저 가게의 요리는 맛있습니다.)

③ ＿＿＿ 車_{くるま}です。(비싼 자동차입니다.)

④ ＿＿＿ 本_{ほん}です。(새로운 책입니다.)

2 밑줄 친 부분의 표현을 일본어로 써 보세요.

① 日本語_{にほんご}の 勉強_{べんきょう}は <u>즐겁습니다</u>。

⇨ _____

② ひらがなは <u>어렵지 않습니다</u>。

⇨ _____

③ <u>매운</u> キムチです。

⇨ _____

④ <u>재미있고</u> 優_{やさ}しい 先生_{せんせい}です。

⇨ _____

⑤ <u>전혀</u> 高_{たか}くないです。

⇨ _____

쉬어가기

일본의 리액션 용어

일본 사람들을 보면 너무 과장되다 싶을 정도로 리액션을 하는 경우들이 많습니다. 특히 여자 아이들이 "스고이(すごい)!!", "카와이−(かわいい)!!", "오이시−(おいしい)!!"를 연발하면서 과장되게 행동하거나 말하는 모습을 자주 볼 수 있지요. 일본인들은 상대방의 기분을 배려하기 위해 적극적으로 리액션하는 것이 매너라고 생각하기 때문입니다. 한마디로 맞장구를 많이 치는 것을 미덕으로 생각하는 것이지요.

많이 쓰이는 형용사 관련 리액션 용어 몇 가지를 소개하면 다음과 같습니다.

먼저, 상대방의 이야기를 듣고 감탄하며 상대방을 치켜세울 때 "스고이(すごい:멋져)!!"가 있습니다. 또한 "스바라시−(すばらしい:멋져, 훌륭해)"도 있습니다. 이는 야구경기와 같은 스포츠를 해설하는 사람들의 말 속에도 자주 등장하지요. 아이들을 칭찬할 때 "에라이(えらい:똑똑해, 기특해, 똘똘해)"라는 말을 쓰는데, 이는 상대방의 말에 대한 리액션이라고 하기 보다도 어떤 행동에 대한 칭찬이라고 할 수 있지요.

또한 상대방의 호의에 대한 기쁨과 감사를 나타낼 때는 "우레시−(うれしい:완전 기분 좋아요. 기뻐요)"를 사용할 수 있습니다. 외모에 대한 호감을 나타낼 때는 "카와이(かわいい:귀여워~, 이뻐, 마음에 들어)!!"와 "각꼬이−(かっこいい:멋져~, 멋있어~)"를 많이 쓰지요.

그리고 우리나라 사람들이 직역하면 오해하기 쉬운 말이 "와루이네(悪いね)"가 있어요. 와루이(悪い)는 직역하면 '나쁘다'입니다. '이이(いい:좋다)'의 반대말이지요. 그런데 일본인 친구가 여러분에게 "와루이네~"라고 하면 '뭐야 나보고 지금 나쁘다고 하는 거야? 욕하는 거냐구'라고 생각하면 안 됩니다. 이것은 여러분에게 나쁘다고 뭐라고 하는 것이 아니라 "미안해서 어떡하지, 고맙고 미안해"라는 뜻입니다. 여러 상황에서 상대방에게 미안한 감정이 들 때 상대방의 호의가 고마우면서도 민폐 끼치는 것 같아 미안할 때 사용하는 말이지요.

그리고 '좋다'라는 뜻의 いい는 현재형으로도 리액션에서 많이 쓰지만, 과거형인 "요캇따:よかった"도 리액션에 많이 쓰입니다. 직역하면 "좋았네"가 되지만 "다행이네~, 정말 잘됐다. 이제 안심해도 되겠네"라는 뜻으로 사용되는 리액션 용어입니다. 상대방의 이야기를 듣고 위로해 주거나 축하해 줄 때 쓰는 말이지요.

일본인과 이야기할 때는 조금 쑥스러워도 리액션을 적극적으로 한 번 사용해 보세요. 분명 "스고이~!!" 니홍−고가 우마이데스네(日本語がうまいですね:일본어 완전 잘하시네요)와 같은 말을 듣게 될 거예요.

08 あの 病院は 有名ですか。

학습목표

일본어에는 앞서 배운 い형용사 이외에 な형용사라고 하는 독특한 형태의 형용사가 있답니다.
な형용사에는 우리말과 비슷한 말들이 많아서 친근하고 쉽게 익힐 수 있지요.
예를 들어 "친절해요" "유명해요" "편리해요" 같은 말은 한자어도 똑같아서 아주 쉽고 재미있을 거예요.

● 문장을 듣고 따라 말해보세요. 8-1

▶ あの 病院は 有名ですか。
아 노 뵤-잉 와 유-메- 데 스 까

▷ いいえ、あまり 有名じゃないです。
이 - 에 아 마 리 유-메- 쟈 나 이 데 스

▶ でも、とても 親切で、
데 모 토 떼 모 신 세쯔 데

駅からも 近いです。
에끼 까 라 모 치까 이 데 스

▷ 便利な 交通と すてきな お医者さん、
벤 리 나 코-쯔- 또 스 떼 끼 나 오 이 샤 상

私にとっては 最高です。
와따시니 톳 떼 와 사이 꼬- 데 스

저 병원은 유명합니까?

8과 MP3 듣기

주요 표현
▶ な형용사 기본형/정중형
▶ な형용사 부정형
▶ な형용사 연결형
▶ な형용사 명사수식형

주요 문형
▶ ～は 有名ですか。
▶ いいえ、あまり 有名じゃないです。
▶ とても 親切で、駅からも 近いです
▶ 便利な 交通と すてきな お医者先生

▼ 새로 나온 단어

有名だ [ゆうめいだ: 유-메-다] 유명하다

あまり [아마리] 그다지, 별로

でも [데모] 하지만

とても [토떼모] 매우, 아주

親切だ [しんせつだ: 신세쯔다] 친절하다

～で [데] ~(하)고

～からも [카라모] ~부터도

便利だ [べんりだ: 벤리다] 편리하다

交通 [こうつう: 코-쯔-] 교통

すてきだ [스떼끼다] 멋지다, 훌륭하다

お医者さん [おいしゃさん: 오이샤상] 의사선생님

～にとっては [니톳떼와] ~에게는

最高 [さいこう: 사이꼬-] 최고

▶ 저 병원은 유명합니까?

▷ 아니요, 별로 유명하지 않습니다.

▶ 하지만 매우 친절하고 역에서도 가깝습니다.

▷ 편리한 교통과 멋진 의사선생님, 저에게는 최고입니다.

▼ 새로 나온 단어

まじめだ [마지메다]
성실하다

1 あの 病院は 有名ですか
저 병원은 유명합니까?

① な형용사(형용동사)의 기본형

형용사의 기본형이 だ로 끝나는 형용사를 な형용사 혹은 형용동사라고 합니다.

有名だ 유명하다	**まじめ**だ 성실하다
親切だ 친절하다	**便利**だ 편리하다

② な형용사(형용동사)의 정중형

な형용사(형용동사)의 정중한 표현은 기본형의 어미 だ를 です로 바꾸면 됩니다. 즉, 어간에 です를 붙이면 됩니다.

有名だ 유명하다 → **有名**です 유명합니다

まじめだ 성실하다 → **まじめ**です 성실합니다

親切だ 친절하다 → **親切**です 친절합니다

あの **会社**は **有名**です。 저 회사는 유명합니다.
[아노 카이샤와 유-메-데스]

田中さんは **まじめ**です。 다나카 씨는 성실합니다.
[타나까상와 마지메데스]

日本語の **先生**は **親切**です。 일본어 선생님은 친절합니다.
[니홍고노 센세-와 신세쯔데스]

2 あまり 有名じゃないです

별로 유명하지 않습니다

① な형용사(형용동사)의 부정형

な형용사(형용동사)의 부정형은 어간에 ではない를 붙이면 됩니다. 그런데 이 ではない는 편하게 발음하면 じゃない가 됩니다. 그리고 부정표현을 정중하게 할 때는 여기에 です를 붙여 ではないです(=じゃないです)로 만들면 됩니다. ではないです(=じゃないです)는 ではありません(=じゃありません)과 똑같이 사용할 수 있습니다.

有名だ 유명하다 → **有名**ではない(=じゃない) 유명하지 않다

→ **有名**ではないです(=じゃないです) 유명하지 않습니다

まじめだ 성실하다 → **まじめ**ではない(=じゃない) 성실하지 않다

→ **まじめ**ではないです(=じゃないです) 성실하지 않습니다

親切だ 친절하다 → **親切**ではない(=じゃない) 친절하지 않다

→ **親切**ではないです(=じゃないです) 친절하지 않습니다

② あまり 그다지, 별로

부정형과 함께 쓰이는 부사로서 '그다지(별로) ~(하)지 않다'라는 뜻을 나타냅니다.

彼は あまり まじめではないです。
[카레와 아마리 마지메데와나이데스]
그는 그다지 성실하지 않습니다.

あの 店の 店員は あまり 親切ではないです。
[아노 미세노 텡잉와 아마리 신세쯔데와나이데스]
저 가게의 점원은 그다지 친절하지 않습니다.

この 町は あまり 静かではないです。
[코노 마찌와 아마리 시즈까데와나이데스]
이 마을은 그다지 조용하지 않습니다.

문법 익히기

▼ 새로 나온 단어

ハンサムだ [한사무다] 잘생기다

きれいだ [키레-다] 예쁘다, 깨끗하다

公園 [こうえん: 코-엥] 공원

漢字 [かんじ: 칸지] 한자

3 でも、とても 親切で、 駅からも 近いです 하지만, 매우 친절하고 역에서도 가깝습니다

① な형용사(형용동사)의 나열형

な 형용사를 나열하거나(~하고) 이유를 설명할 때(~이어서)는 어간에 で를 붙이면 됩니다.

> 彼は まじめで、とても ハンサムです。
> [카레와 마지메데 토떼모 한사무데스]
> 그는 성실하고 매우 잘 생겼습니다.
>
> あの 店の 店員は 親切で きれいです。
> [아노 미세노 텡잉와 신세쯔데 키레-데스]
> 저 가게의 점원은 친절하고 예쁩니다.
>
> この 公園は 静かで、いいです。
> [코노 코-엥와 시즈까데 이이데스]
> 이 공원은 조용해서 좋습니다.

② でも 하지만

역접의 뜻을 나타내는 접속사로, 앞의 상황과 반대의 이야기를 하거나 전환할 때 사용합니다.

> 日本語は やさしいです。でも、漢字は 難しいです。
> [니홍-고와 야사시-데스. 데모 칸-지와 무즈까시-데스]
> 일본어는 쉽습니다. 하지만 한자는 어렵습니다.
>
> 彼女は きれいです。でも、親切ではないです。
> [카노죠와 카레-데스. 데모 신세쯔데와나이데스]
> 그녀는 예쁩니다. 하지만 친절하지 않습니다.
>
> この 料理は 高いです。でも、おいしくないです。
> [코노 료-리와 타까이데스. 데모 오이시꾸나이데스]
> 이 요리는 비쌉니다. 하지만 맛있지 않습니다.

4 便利な 交通と すてきな お医者さん、私にとっては 最高です

편리한 교통과 멋진 의사선생님, 저에게는 최고입니다

❶ な형용사(형용동사)의 명사수식형

な형용사(형용동사)가 뒤에 오는 명사를 꾸밀 때는 어간에 な를 붙이면 됩니다.

有名だ 유명하다 → 有名な 先生 유명한 선생님

元気だ 건강하다 → 元気な 子供 건강한 아이

きれいだ 예쁘다 → きれいな 店員 예쁜 점원

とても 有名な 会社です。 매우 유명한 회사입니다.
[토떼모 유-메-나 카이샤데스]

ましめな 学生です。 성실한 학생입니다.
[마지메나 가꾸세-데스]

すてきな 景色です。 멋진 경치입니다.
[스떼끼나 케시끼데스]

---

❷ ~にとっては ~에게는, ~에게 있어서는

~にとっては는 '~에게는' 또는 '~에게 있어서는'이라는 뜻을 나타냅니다.

私にとっては 簡単な 問題です。
[와따시니똣떼와 칸딴나 몬다이데스]
나에게는 간단한 문제입니다.

学生たちにとっては 難しい 試験です。
[가꾸세-따찌니똣떼와 무즈까시- 시껜데스]
학생들에게는 어려운 시험입니다.

彼女にとっては 大切な 人です。
[카노죠니똣떼와 타이세쯔나 히또데스]
그녀에게 있어서는 소중한 사람입니다.

▼ 새로 나온 단어

元気だ [げんきだ: 겡끼다] 건강하다

子供 [こども: 코도모] 어린이, 어린아이

景色 [けしき: 케시끼] 경치, 풍경

簡単だ [かんたんだ: 칸딴다] 간단하다

問題 [もんだい: 몬다이] 문제

学生たち [がくせいたち: 가꾸세-따찌] 학생들

大切だ [たいせつだ: 타이세쯔다] 소중하다, 중요하다

人 [ひと: 히또] 사람

▼ 새로 나온 단어

いす [이스] 의자

楽だ [らくだ: 라꾸다]
편하다

1 보기와 같이 제시된 단어로 대화문을 연습해 보세요.

> 보기 歌手(かしゅ)・有名(ゆうめい)だ
>
> → A あの 歌手(かしゅ)は 有名(ゆうめい)ですか。 저 가수는 유명합니까?
>
> B はい、とても 有名(ゆうめい)な 歌手(かしゅ)です。
>
> 네, 매우 유명한 가수입니다.

① 店員(てんいん)・親切(しんせつ)だ   ② 公園(こうえん)・静(しず)かだ

③ いす・楽(らく)だ   ④ 先生(せんせい)・ハンサムだ

▼ 새로 나온 단어

デザイン [데자잉]
디자인

2 보기와 같이 제시된 단어로 대화문을 연습해 보세요.

> 보기 町(まち)・静(しず)かだ
>
> → A この 町(まち)は 静(しず)かですか。 이 마을은 조용합니까?
>
> B いいえ、あまり 静(しず)かじゃないです。
>
> 아니요, 그다지 조용하지 않습니다.

① レストラン・有名(ゆうめい)だ   ② 病院(びょういん)・親切(しんせつ)だ

③ デザイン・すてきだ   ④ スマートフォン・便利(べんり)だ

단어 더하기   な형용사

安心だ [あんしんだ: 안신다] 안심이다   安全だ [あんぜんだ: 안젠다] 안전하다

好きだ [すきだ: 스끼다] 좋아하다   嫌いだ [きらいだ: 키라이다] 싫어하다

派手だ [はでだ: 하데다] 화려하다   地味だ [じみだ: 지미다] 수수하다

3 보기와 같이 제시된 단어로 대화문을 연습해 보세요.

▼ 새로 나온 단어

地下鉄 [ちかてつ: 치까떼쯔] 지하철

丈夫だ [じょうぶだ: 죠-부다] 튼튼하다

보기 地下鉄・便利だ・楽だ

→ A 地下鉄は 便利ですか。 지하철은 편리합니까?

B はい、地下鉄は 便利で、楽です。

네, 지하철은 편리하고 편합니다.

---

① 彼女・元気だ・すてきだ

② 彼・まじめだ・親切だ

③ この 車・丈夫だ・有名だ

④ あの レストラン・静かだ・きれいだ

上手だ [じょうずだ: 죠-즈다] 잘한다, 능숙하다　　**下手だ** [へただ: 헤따다] 서툴다, 못하다

大変だ [たいへんだ: 타이헨다] 힘들다, 큰일이다　　**にぎやかだ** [니기야까다] 번화하다, 번잡하다

暇だ [ひまだ: 히마다] 한가하다　　　　　　　**立派だ** [りっぱだ: 립빠다] 훌륭하다

1 밑줄 친 부분에 들어갈 알맞은 말을 보기에서 찾아 문장을 완성해 보세요.

보기	有名だ ゆうめい	親切だ しんせつ	便利だ べん り	静かだ しず

① あの 会社は とても _____ です。
　　かいしゃ

　(저 회사는 매우 유명합니다.)

② 交通は とても _____ です。 (교통은 매우 편리합니다.)
　　こうつう

③ 日本語の 先生は とても _____ です。
　　に ほん ご　　せんせい

　(일본어 선생님은 매우 친절합니다.)

④ 公園は _____ です。 (공원은 조용합니다.)
　　こうえん

2 밑줄 친 부분의 표현을 일본어로 써 보세요.

① 日本語の 先生は 멋집니다.
　　に ほん ご　　せんせい

　⇨ _____

② この 町は 조용하지 않습니다.
　　　　まち

　⇨ _____

③ 성실한 学生です.
　　　　　がくせい

　⇨ _____

④ 彼女は 친절하고 きれいです.
　　かのじょ

　⇨ _____

⑤ 私에게는 難しくないです.
　　わたし　　　　むずか

　⇨ _____

쉬어가기

한국어 속 일본어

우리가 무심코 쓰는 말 중에는 일본어의 형용사인 것이 많이 있습니다.

먼저 "저 사람은 무뎁뽀다", "무뎁뽀로 하지마"와 같은 표현에서 나오는 '무뎁뽀'라는 말은 일본어의 「むてっぽう(無鉄砲)」에서 온 것입니다. 일본어 「むてっぽう」는 '무모하고 분별없음, 앞뒤 생각하지 않고 신중하지 않게 무턱대고 일을 벌림'이라는 뜻을 가진 な형용사(형용동사)입니다. 뜻이나 발음이 똑같이 쓰인 것이지요.

그리고 가장 많이 쓰이는 것 중의 하나가 "무리하지 마"라고 할 때의 '무리'입니다. 일본어도 「むり(無理)だ」라고 하면 '힘에 겨워 해내기가 어렵다'는 뜻입니다.

또한 "이렇게 하면 똔똔이네"라는 표현도 쓰지요. 여기서 '똔똔'이라는 말도 일본어 형용사 「とんとんだ」에서 온 것입니다. '엇비슷하다'라고 하는 뜻을 가진 な형용사지요.

이처럼 일본어 형용사의 뜻과 음이 똑같이 쓰이는 경우는 이것 외에도 아주 많은데, 어떤 말은 일본어와 우리말이 혼용되어 쓰이는 경우도 있습니다.

"삐까번쩍하게 해 놓고 산다"라고 할 때 '삐까번쩍'은 일본어 「ぴかぴか」라고 하는 말과 우리말 번쩍번쩍이 반반 혼용된 경우이지요. 일본어 「ぴかぴか」는 '번쩍번쩍, 반짝반짝 빛날 정도로 아주 새롭거나 빛나는 모습'을 나타내는 말입니다.

이처럼 일본어는 우리 언어 생활 속에 여러 모로 깊숙이 영향을 미치고 있음을 보게 됩니다. 앞으로는 우리말과 일본어를 올바르게 구분해서 사용하는 것이 좋겠습니다.

무리하지 마!

09 私は ペットが 好きです。

학습목표

여러분들이 좋아하는 것은 무엇이고, 싫어하는 것은 무엇인가요?
가장 좋아하는 계절은 언제이고, 등산과 낚시 중 어느 것을 더 좋아하세요?
이번 과에서는 호불호 표현과 함께 비교급, 최상급 표현을 배워 보도록 해요.

● 문장을 듣고 따라 말해보세요. 9-1

▶ 私は ペットが 好きです。
와따시와 펫 또 가 스 끼 데 스

▷ 犬と 猫と どちらが 好きですか。
이누 또 네꼬 또 도 찌 라 가 스 끼 데 스 까

▶ 犬の 方が 好きです。
이누 노 호- 가 스 끼 데 스

▷ 犬の 中で チワワが 一番 好きです。
이누 노 나까 데 치 와 와 가 이찌 방 스 끼 데 스

나는 애완동물을 좋아합니다.

9과 MP3 듣기

주요 표현
- ▶ 좋아하고 싫어하는 것 물어보기
- ▶ 비교해서 물어보기
- ▶ 가장 좋아하는 것 말하기

주요 문형
- ▶ 私は ペットが 好きです。
- ▶ 犬と 猫と どちらが 好きですか。
- ▶ 犬の 中で チワワが 一番 好きです。

▼ 새로 나온 단어

ペット [펫또] 애완동물

〜が [가] ~이(가), ~을(를)

〜と [또] ~와, ~하고

猫 [ねこ: 네꼬] 고양이

どちら [도찌라] 어느 쪽

方 [ほう: 호-] 쪽, 편

中 [なか: 나까] 중, 가운데

〜で [데] ~에서

チワワ [치와와] 치와와(개의 종류)

一番 [いちばん: 이찌방] 가장, 제일

▶ 저는 애완동물을 좋아합니다.

▷ 개하고 고양이하고 어느 쪽을 (더) 좋아하세요?

▶ 개를 (더) 좋아합니다.

▷ 개 중에서 치와와를 가장 좋아합니다.

문법 익히기

❶ 목적격 조사
우리말의 '〜을(를)'에 해당하는 조사로, 목적으로 하는 대상을 나타냅니다.

❷ 大好きだ
'아주 좋아한다'는 뜻이고, 반대말 '아주 싫어한다'는 大嫌(だいきら)いだ입니다.

▼ 새로 나온 단어

春 [はる: 하루] 봄

大好きだ [だいすきだ: 다이스끼다] 아주 좋아하다

▼ 새로 나온 단어

こちら [코찌라] 이쪽

そちら [소찌라] 그쪽

あちら [아찌라] 저쪽

1 私は ペットが 好きです
저는 애완동물을 아주 좋아합니다

'좋아하다/싫어하다'를 나타낼 때는 な형용사 好[す]きだ/ 嫌[きら]いだ를 사용합니다. 그런데 이때 ❶목적격 조사에 주의해야 합니다. 좋고 싫음을 나타내는 な형용사 앞에는 목적격 조사로서 대상을 나타내는 が를 사용합니다.

> 私は 春が 好きです。 나는 봄을 좋아합니다.
> [와따시와 하루가 스끼데스]
>
> 私は 試験が 嫌いです。 나는 시험을 싫어합니다.
> [와따시와 시켕가 키라이데스]
>
> 私は 日本語の 勉強が ❷大好きです。
> [와따시와 니홍고노 벵꾜-가 다이스끼데스]
> 나는 일본어 공부를 아주 좋아합니다.

2 犬と 猫と どちらが 好きですか
개하고 고양이하고 어느 쪽을 (더) 좋아하세요?

❶ どちら 어느 쪽
방향을 가리키는 지시대명사는 '이쪽'이라는 뜻의 こちら, '그쪽'이라는 뜻의 そちら, '저쪽'이라는 뜻의 あちら, '어느 쪽'이라는 뜻의 どちら가 있습니다.

こちら	そちら	あちら	どちら
이쪽	그쪽	저쪽	어느 쪽

❷ 犬と 猫と どちらが〜　개하고 고양이하고 어느 쪽을 (더) 〜

「AとBとどちらが〜」는 'A하고 B하고 어느 쪽을 (더) ~'라는 뜻으로, 두 가지를 비교해서 묻는 표현입니다.

> 日本と 中国と どちらが 好きですか。
>
> [니혼또 츄-고꾸또 도찌라가 스끼데스까]
>
> 일본하고 중국하고 어느 쪽을 (더) 좋아하세요?
>
> 野球と サッカーと どちらが 好きですか。
>
> [야큐-또 삭까-또 도찌라가 스끼데스까]
>
> 야구하고 축구하고 어느 쪽을 (더) 좋아하세요?
>
> うどんと ラーメンと どちらが 好きですか。
>
> [우돈또 라-멘또 도찌라가 스끼데스까]
>
> 우동하고 라면하고 어느 쪽을 (더) 좋아하세요?

3 犬の 方が 好きです 개를 (더) 좋아합니다

「AよりBの方[ほう]が〜」는 'A보다 B편이 (더) ~'라는 뜻으로, 두 가지 중에서 어느 쪽을 더 ~하는 지를 나타낼 때 쓰는 표현입니다. 원래는 「AよりBの方[ほう]が〜」처럼 쓰이지만, 굳이 'A보다'라고 하는 뜻의 「Aより」를 사용하지 않고 간단하게 'B쪽(편)이 (더) 좋다'라고 하면 됩니다.

> 日本の 方が 好きです。 일본을 (더) 좋아합니다.
>
> [니혼노 호-가 스끼데스]
>
> 野球の 方が 好きです。 야구를 (더) 좋아합니다.
>
> [야큐-노 호-가 스끼데스]
>
> ラーメンの 方が 好きです。 라면을 (더) 좋아합니다.
>
> [라-멘노 호-가 스끼데스]

▼ 새로 나온 단어

日本 [にほん: 니홍]
일본

中国 [ちゅうごく: 츄-고꾸] 중국

▼ 새로 나온 단어

〜より [요리] ~보다

▼ 새로 나온 단어

美しい[うつくしい: 우쯔꾸시-] 아름답다

4 犬の 中で チワワが 一番 好きです

개 중에서 치와와를 가장 좋아합니다

「Aの中[なか]でBが一番[いちばん]~」는 'A 중에서 B가 가장 ~'라는 뜻으로, 최상급을 나타냅니다.

❶ 一番 가장, 제일

一番[いちばん]은 최상급의 표현에서 가장 중요한 단어로 '가장, 제일'이라는 뜻입니다. 꾸미고 싶은 술어 앞에 붙여서 최상급을 나타냅니다.

> 一番 美しいです。 가장 아름답습니다.
> [이찌방 우쯔꾸시-데스]
>
> 一番 有名です。 가장 유명합니다.
> [이찌방 유-메-데스]
>
> 一番 まじめです。 가장 성실합니다.
> [이찌방 마지메데스]

▼ 새로 나온 단어

山[やま: 야마] 산

ソウル[소우루] 서울

街[まち: 마찌] 거리

クラス[쿠라스] 반, 학급

❷ ~の 中で ~ 중에서

최상급의 표현에서 어떤 종류나 범위 내에서 가장 좋다는 것을 나타내기 위해서는 '~ 중에서'라고 하는 표현이 들어가야 합니다. 中[なか]는 '안, 중'이라는 뜻의 명사이고, で는 '~에서'의 뜻을 가진 조사입니다. 이때 の는 앞의 명사와 명사를 연결해 주는 조사입니다.

> 韓国の 山の 中で 一番 美しいです。
> [캉꼬꾸노 야마노 나까데 이찌방 우쯔꾸시-데스]
> 한국의 산 중에서 가장 아름답습니다.
>
> ソウルの 街の 中で 一番 有名です。
> [소우루노 마찌노 나까데 이찌방 유-메-데스]
> 서울의 거리 중에서 가장 유명합니다.
>
> クラスの 学生の 中で 一番 まじめです。
> [쿠라스노 가꾸세-노 나까데 이찌방 마지메데스]
> 반 학생 중에서 가장 성실합니다.

❸ 그 밖의 최상급 표현

어디, 무엇, 누구, 언제와 같은 기본적인 의문사를 익혀서 다음과 같은 최상급 표현의 질문을 해 보도록 합시다.

デパートの 中で どこ(どの デパート)が 一番 好きですか。
[데빠-또노 나까데 도꼬(도노 데빠-또)가 이찌방 스끼데스까]
백화점 중에서 어디(어느 백화점)를 가장 좋아합니까?

外国語の 中で 何が 一番 好きですか。
[가이꼬꾸고노 나까데 나니가 이찌방 스끼데스까]
외국어 중에서 무엇을 가장 좋아합니까?

歌手の 中で 誰が 一番 好きですか。
[카슈노 나까데 다레가 이찌방 스끼데스까]
가수 중에서 누구를 가장 좋아합니까?

四季の 中で いつ(どの 季節)が 一番 好きですか。
[시끼노 나까데 이쯔(도노 키세쯔)가 이찌방 스끼데스까]
사계절 중에서 언제(어느 계절)를 가장 좋아합니까?

▼ 새로 나온 단어

どこ [도꼬] 어디

外国語 [がいこく ご: 가이꼬꾸고] 외국어

四季 [しき: 시끼] 사계, 사계절

季節 [きせつ: 키세 쯔] 계절

말해보기

▼ 새로 나온 단어

日本料理 [にほん
りょうり: 니혼료−리]
일본 요리

運動 [うんどう: 운
도−] 운동

歌 [うた: 우따] 노래

1 보기와 같이 제시된 단어로 대화문을 연습해 보세요.

보기 ペット

→ A ペットが 好_すきですか。 애완동물을 좋아합니까?

B1 はい、大_{だい}好_すきです。 네, 굉장히 좋아합니다.

B2 いいえ、好_すきじゃないです。嫌_{きら}いです。

아니요, 좋아하지 않습니다. 싫어합니다.

---

① 日本料理_{に ほんりょう り}　　② ショッピング

③ 運動_{うんどう}　　④ 歌_{うた}

▼ 새로 나온 단어

すし [스시] 초밥

さしみ [사시미] 생선
회

2 보기와 같이 제시된 단어로 대화문을 연습해 보세요.

보기 すし・さしみ・すし

→ A すしと さしみと どちらが 好_すきですか。

초밥하고 생선회하고 어느 쪽을 (더) 좋아하세요?

B すしの 方_{ほう}が 好_すきです。

초밥을 더 좋아합니다(초밥 쪽을 좋아합니다).

단어 더하기　과일, 계절, 스포츠

くり [쿠리] 밤　　　　　　いちご [이찌고] 딸기　　　　ぶどう [부도−] 포도

すいか [스이까] 수박　　　バナナ [바나나] 바나나　　パイナップル [파이납뿌루] 파인애플

トマト [토마또] 토마토　　オレンジ [오렌지] 오렌지　　メロン [메롱] 메론

① 山
やま
・海
うみ
・山
やま

② 音楽
おんがく
・映画
えいが
・音楽
おんがく

③ りんご・みかん・りんご

④ 演歌
えんか
・バラード・演歌
えんか

3 보기와 같이 제시된 단어로 대화문을 연습해 보세요.

> 보기 韓国料理
かんこくりょうり
・何
なに
・キムチチゲ
>
> → A 韓国料理
かんこくりょうり
の 中
なか
で 何
なに
が 一番
いちばん
好
す
きですか。
>
> 한국 요리 중에서 무엇을 가장 좋아합니까?
>
> B キムチチゲが 一番
いちばん
好
す
きです。
>
> 김치찌개를 가장 좋아합니다.

① 日本料理
にほんりょうり
・何
なに
・すきやき

② 四季
しき
・いつ・春
はる

③ 韓国
かんこく
の 山
やま
・どこ・チリサン

④ 日本
にほん
の 都市
とし
・どこ・京都
きょうと

▼ 새로 나온 단어

海 [うみ: 우미] 바다

恋人 [こいびと: 코이비또] 연인, 애인

演歌 [えんか: 엥까] 엔카

バラード [바라ー도] 발라드

韓国料理 [かんこくりょうり: 캉꼬꾸료ー리] 한국 요리

キムチチゲ [키무치찌게] 김치찌개

すきやき [스끼야끼] 스키야키

チリサン [치리상] 지리산

都市 [とし: 토시] 도시

京都 [きょうと: 쿄ー또] 교토

夏 [なつ: 나쯔] 여름   秋 [あき: 아끼] 가을   冬 [ふゆ: 후유] 겨울

バレーボール [바레ー보ー루] 배구   バスケットボール [바스껫또보ー루] 농구

ボーリング [보ー링구] 볼링   ジョギング [죠깅구] 조깅   柔道 [じゅうどう: 쥬ー도ー] 유도

1 밑줄 친 부분에 들어갈 알맞은 말을 보기에서 찾아 문장을 완성해 보세요.

> 보기 方(ほう)   どちら   一番(いちばん)   中(なか)で   が

① ペット_____ 好(す)きですか。(애완동물을 좋아합니까?)

② 海(うみ)と 山(やま)と _____が 好(す)きですか。

(바다하고 산하고 어느 쪽을 좋아하세요?)

③ 山(やま)の _____が 好(す)きです。(산[쪽]을 더 좋아합니다.)

④ 日本料理(にほんりょうり)の _____ 何(なに)が 好(す)きですか。

(일본 요리 중에서 무엇을 좋아합니까?)

⑤ おすしが _____ 好(す)きです。(초밥을 가장 좋아합니다.)

2 밑줄 친 부분의 표현을 일본어로 써 보세요.

① ドラマの 中(なか)で 無엇が 一番(いちばん) おもしろいですか。

  ⇨ _____

② 歌手(かしゅ)の 中(なか)で 누구が 一番(いちばん) 好(す)きですか。

  ⇨ _____

③ 韓国(かんこく)の 都市(とし)の 中(なか)で 어디が 一番(いちばん) 好(す)きですか。

  ⇨ _____

④ 四季(しき)の 中(なか)で 언제が 一番(いちばん) 好(す)きですか。

  ⇨ _____

쉬어가기

가장 화려한 일본의 봄과 하나미(花見^{はな み})

여러분들은 어느 계절을 가장 좋아하시나요?

사람마다 좋아하는 계절은 다르겠지만, 일본에서 가장 화려한 시기는 봄이라고 할 수 있지요. 화려한 봄의 절정은 하나미(はなみ, 花見)일 것입니다. '하나미(はなみ, 花見)'는 단어 그대로 해석하면 '꽃구경'이 됩니다.

그러나 일본에서의 하나미는 단순한 꽃구경 차원이 아닌 일본 대표적 전통문화라고 할 수 있지요. 매년 3월이 되면 벚꽃 개화 시기에 대한 국민적 관심이 시작됩니다. 매일 일기예보 시간에는 어김없이 전국 벚꽃 전선(前線)이 보도됩니다. 일기예보뿐만 아니라 여러 방송 프로그램에서 각 지역의 벚꽃 소식을 소재로 한 이야기들이 나오고, 벚꽃을 소재로 한 도시락, 가방, 화과자, 술 등의 기발한 아이템들이 쏟아져 나오지요. 일본 국민의 벚꽃 사랑은 유별나답니다.

이 벚꽃 시즌에 일본 사람들은 가족, 연인, 회사 직원과 하나미를 함께 하기 위해, 벚꽃 명소에 대한 정보를 찾고, 또한 각 지역의 벚꽃 명소에는 하나미 명당 자리를 차지하기 위해 아침 일찍부터 돗자리를 들고 자리잡기에 여념없는 사람들을 볼 수 있습니다. 화려한 벚꽃에 흠뻑 취하여 모든 체면을 벗어던지고 흥겨워하는 모습은 일본인의 또 다른 모습이라고나 할까요?

그리고 이 하나미의 대미는 '요자쿠라(よざくら, 夜桜)'구경에 있습니다. 요자쿠라는 '밤 벚꽃'을 뜻하는 말입니다. 화려한 불빛 아래 빛나는 밤의 벚꽃과 향기는 일본인들로 하여금 가장 로맨틱한 순간을 만끽하게 하지요.

도쿄에서 가장 아름다운 요자쿠라 데이트 명소로는 롯본기힐즈(六本木ヒルズ)를 꼽습니다. 봄에 일본을 여행을 하게 된다면 일본의 벚꽃 명소를 찾아 이 아름다운 광경을 마음껏 즐기고 오세요.

10 これは 弟の 写真です。
<small>おとうと　　しゃ しん</small>

학습목표

이 과에서는 가족관계 용어와 표현을 배우도록 하겠습니다.
여러분의 가족에 대해 일본어로 소개해 볼까요?

● 문장을 듣고 따라 말해보세요.　 10-1

▶ これは 弟の 写真です。
<small>おとうと　　しゃ しん</small>
코 레 와 오또–또 노　샤 신 데 스

▷ すてきな 弟さんですね。
<small>おとうと</small>
스 떼 끼 나 오또–또 산　　데 스 네

▶ 何人兄弟ですか。
<small>なん にんきょうだい</small>
난 닝 쿄– 다이 데 스 까

▷ 兄と ぼく、弟 三兄弟です。
<small>あに　　　　　　おとうと　さんきょうだい</small>
아니 또　보 꾸　오또–또 상 꾜– 다이 데 스

이것은 남동생 사진입니다.

주요 표현
▶ 가족 호칭 익히기
▶ 가족 소개하기

주요 문형
▶ すてきな 弟さんですね。
▶ 何人兄弟ですか。
▶ 兄と ぼく、弟三兄弟です。

▼ 새로 나온 단어

弟 [おとうと: 오또–또] (자신의) 남동생

弟さん [おとうとさん: 오또–또상] (남의) 남동생

何人 [なんにん: 난닝] 몇 명

兄弟 [きょうだい: 쿄–다이] 형제

兄 [あに: 아니] (자신의) 형, 오빠

ぼく [보꾸] 나

三兄弟 [さんきょうだい: 상꾜–다이] 삼형제

▶ 이것은 남동생 사진입니다.

▷ 멋진 남동생분이시네요.

▶ 형제는 몇 명입니까?(몇 형제입니까?)

▷ 형님과 저, 남동생 삼형제입니다.

▼ 새로 나온 단어

祖父 [そふ: 소후]
조부, 할아버지

祖母 [そぼ: 소보]
조모, 할머니

父 [ちち: 치찌] 아버지, 아빠

母 [はは: 하하] 어머니, 엄마

姉 [あね: 아네] 누나, 언니

妹 [いもうと: 이모-또] 여동생

息子 [むすこ: 무스꼬] 아들

娘 [むすめ: 무스메] 딸

夫 [おっと: 옷또] 남편

主人 [しゅじん: 슈징] 남편

家内 [かない: 카나이] 아내

1 これは 弟の 写真です

이것은 남동생 사진입니다

일본어에서는 자기 가족을 남에게 소개하거나 말할 때 겸손하게 낮추어 소개합니다. 상대방을 존중하는 의미에서 상대방 앞에서 자신에게 속한 것이나 관련된 것은 높이지 않는 것을 중요시하기 때문입니다. 자신의 가족을 남에게 이야기할 때 필요한 기본 단어를 배워 봅시다.

할아버지	할머니	아버지	어머니
祖父	祖母	父	母
형, 오빠	누나, 언니	남동생	여동생
兄	姉	弟	妹
아들	딸	남편	아내
息子	娘	夫, 主人	家内

私の 父です。 제 아버지입니다.
[와따시노 치찌데스]

私の 姉です。 제 누나(언니)입니다.
[와따시노 아네데스]

私の 家内です。 제 아내입니다.
[와따시노 카나이데스]

2 すてきな 弟(おとうと)さんですね

멋진 남동생분이시네요

상대방의 가족에 대해서는 손아랫사람이라고 하더라도 기본적으로 존중하는 것이 좋습니다. 일반적으로는 さん을 붙이지만, 더 극진하게 높일 때는 様[さま]를 붙입니다. 또한 ~ですね는 감탄, 동조, 동의, 강조 등의 느낌을 나타내는 종조사(문장 끝에 붙는 조사) ~ね가 붙은 것입니다. 이제 상대방의 가족을 지칭하는 기본 단어를 배워 봅시다.

할아버지	할머니	아버지	어머니
お祖父(じい)さん お祖父(じい)様(さま)	お祖母(ばあ)さん お祖母(ばあ)様(さま)	お父(とう)さん お父(とう)様(さま)	お母(かあ)さん お母(かあ)様(さま)
형, 오빠	누나, 언니	남동생	여동생
お兄(にい)さん お兄(にい)様(さま)	お姉(ねえ)さん お姉(ねえ)様(さま)	弟(おとうと)さん 弟(おとうと)様(さま)	妹(いもうと)さん 妹(いもうと)様(さま)
아들	딸	남편	부인
息子(むすこ)さん 息子(むすこ)様(さま)	娘(むすめ)さん 娘(むすめ)様(さま)	ご主人(しゅじん)さん ご主人(しゅじん)様(さま)	奥(おく)さん 奥(おく)様(さま)

先生(せんせい)の お父(とう)さんですか。 선생님의 아버님이세요?
[센세-노 오또-산데스까]

田中(たなか)さんの お姉(ねえ)さんですね。 다나카 씨의 누님(언니)이시네요.
[타나까산노 오네-산데스네]

中村(なかむら)さんの 奥(おく)さんです。 나카무라 씨의 부인이십니다.
[나까무라산노 옥산데스]

▼ 새로 나온 단어

お祖父さん(様)
[おじいさん(さま):
오지상(사마)] 할아버지, 할아버님

お祖母さん(様)
[おばあさん(さま):
오바-상(사마)] 할머니, 할머님

お父さん(様) [おとうさん(さま): 오또-상(사마)] 아버지, 아버님

お母さん(様) [おかあさん(さま): 오까-상(사마)] 어머니, 어머님

お兄さん(様)さん(様) [おにいおかあさん(さま): 오니-상(사마)] 형, 오빠

お姉さん(様) [おねえさん(さま): 오네-상(사마)] 누나, 언니

弟様 [おとうとさま: 오또-또사마] 남동생

妹さん(様) [いもうとさん(さま): 이모-또상(사마)] 여동생

息子さん(様) [むすこさん(さま): 무스꼬상(사마)] 아들

娘さん(様) [むすめさん(さま): 무스메상(사마)] 딸

ご主人さん(様) [ごしゅじんさん(さま): 고슈진상(사마)] 남편

奥さん(様) [おくさん(さま): 옥상(사마)] 부인

문법 익히기

▼ 새로 나온 단어

家族[かぞく: 카조꾸] 가족

ご家族[ごかぞく: 고카조꾸] 가족 분

ご兄弟[ごきょうだい: 고쿄–다이] 형제 분

～人[にん: 닝] ～사람, ～명

二人[ふたり: 후따리] 두 사람, 두 명

三人[さんにん: 산닝] 세 사람, 세 명

四人[よにん: 요닝] 네 사람, 네 명

五人[ごにん: 고닝] 다섯 사람, 다섯 명

六人[ろくにん: 로꾸닝] 여섯 사람, 여섯 명

七人[しちにん: 시찌닝] 일곱 사람, 일곱 명

八人[はちにん: 하찌닝] 여덟 사람, 여덟 명

九人[きゅうにん: 큐–닝] 아홉 사람, 아홉 명

十人[じゅうにん: 쥬–닝] 열 사람, 열 명

十一人[じゅういちにん: 쥬–이찌닝] 열 한 사람, 열 한 명

3 何人兄弟ですか 형제는 몇 명입니까?

❶ 何人兄弟 몇 형제

가족의 인원이나 구성원이 몇 명인지를 물어볼 때는 何人[なんにん]을 사용하여 질문하면 됩니다.

何人家族ですか。 몇 인 가족입니까(가족은 몇 명입니까)?
[난닝카조꾸데스까]

ご家族は 何人ですか。 가족 분은 몇 명입니까?
[고카조꾸와 난닌데스까]

ご兄弟は 何人ですか。 형제 분은 몇 명입니까?
[고쿄–다이와 난닌데스까]

❷ 인원 세기

인원을 셀 때는 숫자 뒤에 人[にん]을 붙여서 세면 됩니다. 이때 한 사람, 두 사람은 특수하게 읽히니까 조심하는 것이 좋습니다.

한 사람	두 사람	세 사람	네 사람
一人 (ひとり)	二人 (ふたり)	三人 (さんにん)	四人 (よにん)
다섯 사람	여섯 사람	일곱 사람	여덟 사람
五人 (ごにん)	六人 (ろくにん)	七人 (しちにん)	八人 (はちにん)
아홉 사람	열 사람	열 한 사람	몇 명, 몇 인
九人 (きゅうにん)	十人 (じゅうにん)	十一人 (じゅういちにん)	何人 (なんにん)

四人家族です。 4인 가족입니다.
[요닝카조꾸데스]

兄弟は 五人です。 형제는 다섯 명입니다.
[쿄-다이와 고닌데스]

弟は 一人です。 남동생은 한 명입니다.
[오또-또와 히또리데스]

4 兄と ぼく、 弟 三兄弟です

형과 저, 남동생 삼 형제입니다

ぼく는 남자들이 자신을 가리키는 1인칭의 용어로서 '저, 나'에 속하는 말입니다. 또한 일본어에서도 형제, 자매를 나타낼 때 우리말의 삼 형제, 네 자매와 같은 표현을 사용합니다.

三兄弟の 次男です。 삼 형제의 차남입니다.
[상꾜-다이노 지난데스]

兄 二人、姉 一人の 四人兄弟の 末っ子です。
[아니 후따리, 아네 히또리노 요닝쿄-다이노 스엑꼬데스]
형(오빠) 둘, 누나(언니) 하나의 사 형제의 막내입니다.

四姉妹の 長女です。 네 자매의 장녀입니다.
[욘시마이노 쵸-죠데스]

▼ 새로 나온 단어

次男 [じなん: 지낭]
차남, 둘째 아들

末っ子 [すえっこ:
스엑꼬] 막내

四姉妹 [よんしまい:
욘시마이] 네 자매

長女 [ちょうじょ:
쵸-죠] 장녀, 큰딸

말해보기

1 보기와 같이 제시된 단어로 대화문을 연습해 보세요.

> 보기 お父さん・父
>
> → A 田中さんの お父さんですか。
>   다나카 씨의 아버지입니까?
>
> B はい、私の 父です。 네, 저희 아버지입니다.

① お母さん・母   ② お兄さん・兄

③ お姉さん・姉   ④ 妹さん・妹

2 보기와 같이 제시된 단어로 대화문을 연습해 보세요.

> 보기 お父さん・お父様
>
> → A 先生の お父さんです。 선생님의 아버지입니다.
>   B 先生の お父様ですね。 선생님의 아버님이네요.

① お祖母さん・お祖母様   ② 奥さん・奥様

③ お兄さん・お兄様   ④ お姉さん・お姉様

단어 더하기 가족 관련 단어

一人息子 [ひとりむすこ:히또리무스꼬] 외동아들   **一人娘** [ひとりむすめ: 히또리무스메] 외동딸

しゅうと [슈-또] 시아버지, 장인   **しゅうとめ** [슈-또메] 시어머니, 장모

よめ [요메] 신부, 며느리   **むこ** [무꼬] 신랑, 사위

3 보기와 같이 제시된 단어로 대화문을 연습해 보세요.

▼ 새로 나온 단어

両親 [りょうしん: 료–싱] 부모(님)

お子さん [おこさん: 오꼬상] 자제분

> 보기 両親と 私、三人
>
> → A 何人家族ですか。 가족은 몇 명입니까?
>
> B 両親と 私、三人家族です。
>
> 부모님과 저, 3인 가족입니다.

① 母と 兄と 私、妹、四人

② 家内と 息子 一人、三人

③ 主人と 私、娘 二人、四人

④ 両親と 姉と 弟、五人

4 보기와 같이 제시된 단어로 대화문을 연습해 보세요.

▼ 새로 나온 단어

お客さん [おきゃくさん: 오꺄꾸상] 손님

> 보기 学生・三人
>
> → A 学生は 何人ですか。 학생은 몇 명입니까?
>
> B 三人です。 세 명입니다.

① 友だち・五人   ② お子さん・四人

③ お客さん・十人   ④ 先生・七人

孫娘 [まごむすめ: 마고무스메] 손녀   **いとこ** [이또꼬] 사촌

シングル [싱구루] 싱글, 독신   **独身** [どくしん: 도꾸싱] 독신

1 밑줄 친 부분에 들어갈 알맞은 말을 보기에서 찾아 문장을 완성해 보세요.

보기	何人(なんにん)	兄(あに)	弟(おとうと)さん	兄弟(きょうだい)

① 私(わたし)の ____ です。(저희 오빠[형]입니다.)

② ご家族(かぞく)は ____ ですか。(가족은 몇 명입니까?)

③ 先生(せんせい)の ____ ですね。(선생님의 남동생이시군요.)

④ 何人(なんにん)____ですか。(형제는 몇 명입니까?)

2 밑줄 친 부분의 표현을 일본어로 써 보세요.

① 私(わたし)の 아버지です。

⇨ _____

② 先生(せんせい)の 어머님です。

⇨ _____

③ 四人(よにん)가족です。

⇨ _____

④ 가족 분은 何人(なんにん)ですか。

⇨ _____

쉬어가기

일본의 시어머니와 며느리 관계

우리나라 드라마의 단골 주제 중 하나는 소위 말하는 '시월드'로 인한 갈등이라고 할 수 있습니다. 시댁과의 관계가 가장 어렵고 싫어서 단어에 '시'만 붙어도 몸서리가 나기 때문에 시금치조차 싫다는 이야기가 있을 정도로 유독 고부 갈등 스토리가 많이 있지요.

그에 반해 일본 드라마에서는 시댁과의 문제가 메인스토리로 전개되는 예는 극히 드물다고 할 수 있습니다. 그렇다고 해서 일본에는 고부 갈등이 전혀 없다는 이야기는 아니지만, 적어도 우리나라에서처럼 서로 지나치게 얽혀서 힘들어 하는 관계는 아니라고 할 수 있습니다.

이는 용어에서도 나타납니다. 우선 우리나라에는 '시어머니'와 '장모', '시아버지'와 '장인'이 각각 다른 뉘앙스를 가진 단어입니다. 그러나 일본어에서는 시어머니와 장모는 똑같이 '슈-또메(しゅうとめ, 姑)'입니다. 또한 시아버지와 장인 역시 '슈-또(しゅうと, 舅)'로 같습니다. 더 재미있는 것은 며느리와 신부가 '요메(よめ, 嫁)'라고 하는 똑같은 단어입니다. 사위란 단어도 신랑과 같은 단어 '무꼬(むこ)'라고 합니다.

이 밖에 재미있는 표현은 혈연관계가 아닌 결혼을 통해 맺어진 모든 관계는 '기리(ぎり, 義理)'를 붙여서 말합니다. '기리(ぎり, 義理)'라는 것은 친족관계에 있어서 결혼이라는 법적인 관계를 통해 맺어진 관계를 나타내는 말입니다. 예를 들어 '기리노 하하(ぎりの母)'라고 하면 시어머니, 장모, 모두를 뜻합니다. 형부, 매형, 자형, 처남, 동서는 모두 '기리노 아니(ぎりの兄)'라는 단어로 똑같답니다. 처제는 어떻게 될까요? 그렇습니다. '기리노 이모-또(ぎりの妹)'입니다.

이러한 용어에서도 알 수 있듯이 일본은 결혼을 통해 형성된 인척관계가 특별하게 끈끈하게 얽혀 있기보다 적당한 거리감을 두고 지내는 경향이 많습니다. 명절 때 찾아가야 되거나 제사를 지내거나 차례를 지내거나 하는 것이 없기 때문에 매년 시댁에 가는 며느리는 거의 없다고 할 수 있습니다.

11 お手洗いは どこですか。

학습목표

이 과에서는 위치와 장소에 관한 어휘와 표현을 익혀 보기로 하겠습니다.
여러분 주변의 사람이나 사물이 어디에 있는지 일본어로 말해 볼까요?

● 문장을 듣고 따라 말해보세요. 11-1

▶ お手洗いは どこですか。
오 떼아라 이 와   도꼬데스까

▶ あちらの 方に あります。
아 찌라노 호-니 아리마스

▶ 田中さんは どこに いますか。
타 나까 상 와   도꼬니 이마스까

▶ お店の 前に います。
오 미세 노 마에니 이마스

화장실은 어디입니까?

주요 표현
▶ 위치와 장소에 관한 어휘와
  표현 익히기
▶ 존재 표현 익히기

주요 문형
▶ ～は どこですか
▶ ～は どこに ありますか/いますか
▶ ～に あります/います

▼ 새로 나온 단어

お手洗い [おてあらい: 오떼아
라이] 화장실

～に [니] ~에

あります [아리마스] (사물 등
이) 있습니다

いますか [이마스까] (사람이나
동물 등이) 있습니까?

前 [まえ: 마에] 앞

います [이마스] (사람이나 동물
등이) 있습니다

▶ 화장실은 어디입니까?

▷ 저쪽 (편)에 있습니다.

▶ 다나카 씨는 어디에 있습니까?

▷ 가게 앞에 있습니다.

▼ 새로 나온 단어

そこ [소꼬] 거기, 그곳

あそこ [아소꼬] 저기, 저곳

1 お手洗いは どこですか   화장실은 어디입니까?

장소, 위치를 물어볼 때는 '어디'에 해당하는 どこ를 가지고 질문하면 됩니다. 이때 どこ 대신 '어느 쪽'이라는 뜻의 どちら를 사용해도 됩니다. 그리고 장소를 가리키는 지시대명사로는 ここ, そこ, あそこ, どこ가 있습니다.

ここ	そこ	あそこ	どこ
여기, 이곳	거기, 그곳	저기, 저곳	어디, 어느 곳

ここは どこですか。 여기는 어디입니까?

[코꼬와 도꼬데스까]

そこは 日本語の 教室です。 거기는 일본어 교실입니다.

[소꼬와 니홍고노 쿄-시쯔데스]

あそこは トイレです。 저기는 화장실입니다.

[아소꼬와 토이레데스]

駅は どこですか。 역은 어디입니까?

[에끼와 도꼬데스까]

▼ 새로 나온 단어

後ろ [うしろ: 우시로] 뒤

2 あちらの 方に あります   저쪽 (편)에 있습니다

方[ほう]는 '편, 쪽'의 뜻을 가진 말로서 위치를 나타내는 말 뒤에 붙어 사용합니다. 이때 方[ほう]는 꼭 붙이지 않아도 됩니다만, 方[ほう]를 사용하는 경우, 보다 정중한 어감이 들어서 선호하는 경향이 있습니다. 또한 위치, 장소를 나타내는 '~에'라고 하는 뜻의 조사는 に를 사용합니다.

銀行は こちらの 方です。 은행은 이쪽 편입니다.

[깅꼬-와 코찌라노 호-데스]

日本語の 教室は 後ろの 方に あります。

[니홍고노 쿄-시쯔와 우시로노 호-니 아리마스]

일본어 교실은 뒤쪽 편에 있습니다.

駅は あちらです。 역은 저쪽입니다.

[에끼와 아찌라데스]

3 田中さんは どこに いますか
た なか
다나카 씨는 어디에 있습니까?

일본어에는 존재를 나타내는 '있다'라고 하는 표현이 두 가지가 있습니다. 먼저 사람이나 동물처럼 생명이 있어 스스로 움직일 수 있는 존재에 대해서는 います를 사용합니다. 또한 무생물처럼 생명이 없는 모든 사물의 경우는 あります를 사용합니다. 또한 꿈, 생명, 시간, 사랑 등의 추상명사 역시 あります를 사용합니다.

時間は あります。 시간은 있습니다.
じ かん
[지깡와 아리마스]

お金は ありません。 돈은 없습니다.
かね
[오카네와 아리마셍]

猫は どこに いますか。 고양이는 어디에 있습니까?
ねこ
[네꼬와 도꼬니 이마스까]

恋人は いません。 애인은 없습니다.
こいびと
[코이비또와 이마셍]

4 お店の 前に います 가게 앞에 있습니다
みせ まえ
위치를 나타내는 명사를 익혀 봅시다.

前 앞 ↔ **後ろ** 뒤			**上** 위 ↔ **下** 아래	
まえ / うし			うえ / した	
中 안 ↔ **そと** 밖			**右** 오른쪽 ↔ **左** 왼쪽	
なか			みぎ / ひぢり	
右側 우측 ↔ **左側** 좌측			**そば** 옆	
みぎがわ / ひだりがわ				
横 옆			**隣** 옆, 이웃	
よこ			となり	
間 중간, 사이			**周り** 주위, 주변	
あいだ			まわ	
向かい 맞은편			**近く** 근처, 가까이	
む			ちか	

▼ 새로 나온 단어

時間 [じかん: 지깡] 시간

お金 [おかね: 오까네] 돈

ありません [아리마셍] (사물 등이) 없습니다

いません [이마셍] (사람이나 동물 등이) 없습니다

上 [うえ: 우에] 위

下 [した: 시따] 아래

そと [소또] 밖

右 [みぎ: 미기] 오른쪽

左 [ひだり: 히다리] 왼쪽

右側 [みぎがわ: 미기가와] 우측

左側 [ひだりがわ: 히다리가와] 좌측

そば [소바] 옆

横 [よこ: 요꼬] 옆

隣 [となり: 토나리] 옆, 이웃

間 [あいだ: 아이다] 중간, 사이

周り [まわり: 마와리] 주위

向かい [むかい: 무까이] 맞은편

近く [ちかく: 치까꾸] 근처, 가까이

말해보기

▼ 새로 나온 단어

悩み [なやみ: 나야미]
고민

運転免許 [うんてん
めんきょ: 운뗀멩꾜]
운전면허

1 보기와 같이 제시된 단어로 대화문을 연습해 보세요.

> 보기 **お金**(かね)
>
> → A **お金**(かね)が ありますか。 돈이 있습니까?
>
> B いいえ、ありません。 아니요, 없습니다.

① 時間(じかん)　　　　② 悩(なや)み

③ 財布(さいふ)　　　　④ 運転免許(うんてんめんきょ)

▼ 새로 나온 단어

部屋 [へや: 헤야] 방

2 보기와 같이 제시된 단어로 대화문을 연습해 보세요.

> 보기 **友**(とも)**だち**
>
> → A 部屋(へや)の 中(なか)に 友(とも)だちは いますか。
>
>   방 안에 친구가 있습니까?
>
> B いいえ、いません。 아니요, 없습니다.

① 犬(いぬ)　　　　② 猫(ねこ)

③ 恋人(こいびと)　　　④ 日本語(にほんご)の 先生(せんせい)

단어 더하기 건물명

交番 [こうばん: 코-방] 파출소　　　　**消防署** [しょうぼうしょ: 쇼-보-쇼] 소방서

幼稚園 [ようちえん: 요-찌엥] 유치원　　**駐車場** [ちゅうしゃじょう: 츄-샤죠-] 주차장

カフェー [카풰-] 카페　　　　　　**タクシー乗り場** [タクシーのりば: 타꾸시-노리바] 택시 승차장

3 보기와 같이 제시된 단어로 대화문을 연습해 보세요.

> | 보기 | 会社・銀行の 隣
>
> → A <u>会社</u>は どこに ありますか。 회사는 어디에 있습니까?
> B <u>銀行の 隣</u>に あります。 은행 옆에 있습니다.

① 図書館・学校の 前　　② デパート・駅の 近く
③ 病院・コンビニの 後ろ　④ 郵便局・デパートの 横

4 보기와 같이 제시된 단어로 대화문을 연습해 보세요.

> | 보기 | 先生・教室の 中
>
> → A <u>先生</u>は どこに いますか。 선생님은 어디에 있습니까?
> B <u>教室の 中</u>に います。 교실 안에 있습니다.

① 友だち・私の そば　　② お母さん・部屋の 中
③ 犬・ソファーの 上　　④ 猫・テーブルの 下

▼ 새로 나온 단어

ソファー [소화-]
소파

テーブル [테-부루]
테이블

住民センター [じゅうみんセンター: 쥬-민센따-] 주민센터
サウナ [사우나] 사우나　　　**アパート** [아빠-또] 아파트
クリーニング屋 [クリーニングや: 쿠리-닝구야] 세탁소

ホテル [호떼루] 호텔
マンション [만숑] 맨션

1 밑줄 친 부분에 들어갈 알맞은 말을 보기에서 찾아 문장을 완성해 보세요.

보기	ありますか	いますか
	ありません	いません

① かばんは どこに ＿＿＿＿＿＿＿＿。 (가방은 어디에 있습니까?)

② 時間は ＿＿＿＿＿＿＿＿。 (시간은 없습니다.)

③ 犬は どこに ＿＿＿＿＿＿＿＿。 (개는 어디에 있습니까?)

④ 子供は ＿＿＿＿＿＿＿＿。 (아이는 없습니다.)

2 밑줄 친 부분의 표현을 일본어로 써 보세요.

① 教室は 어디입니까?

   ⇨ ＿＿＿＿＿＿＿＿＿＿＿＿＿＿＿＿＿＿＿

② 財布は かばんの 中に 있습니다.

   ⇨ ＿＿＿＿＿＿＿＿＿＿＿＿＿＿＿＿＿＿＿

③ 会社は 駅の 앞에 あります.

   ⇨ ＿＿＿＿＿＿＿＿＿＿＿＿＿＿＿＿＿＿＿

④ 妹は 없습니다.

   ⇨ ＿＿＿＿＿＿＿＿＿＿＿＿＿＿＿＿＿＿＿

쉬어가기

일본의 전통식 방 다다미

여러분의 방에는 무엇이 있습니까? 어떤 구조로 되어 있습니까?

일본의 전통식 방은 그 바닥이 '다다미(たたみ, 畳)'로 되어 있습니다. 우리나라에도 일식집의 경우 방이 다다미(たたみ, 畳)로 되어 있는 경우가 많지만, 그 크기나 느낌이 일본 전통의 것과는 사뭇 다릅니다.

일본 전통 다다미(たたみ, 畳)는 짚으로 촘촘하게 짜여진 매트리스라고 보면 됩니다. 다다미(たたみ, 畳) 한 장의 크기는 보통 90cm×180cm 정도의 장방형의 모양을 하고 있습니다. 습기가 많은 여름철에는 습기를 빨아들이면서 청량감을 주고, 냉기가 도는 겨울철에는 한기를 잡아 주는 역할을 합니다.

한국이나 일본 모두 공식적인 방 크기는 평방제곱미터로 나타냅니다. 그러나 한국에서 일반적으로 평수로 이야기할 때가 많은 것처럼, 일본에서는 다다미 장수로 이야기 할 때가 많습니다. 다다미(たたみ, 畳) 두 장 정도가 한 평 정도인 것을 감안하면 다다미(たたみ, 畳) 6장짜리 방은 3평짜리 방이 되는 셈입니다.

한편 이 다다미방은 온돌과는 달리 바닥에 불이 들어오지 않기 때문에 일본의 전통식 주거에는 '고타쓰(こたつ)'라고 하는 난방기구가 있습니다. 고타쓰(こたつ)는 정사각형 모양의 테이블 아래쪽에 발열기구가 붙어 있고, 이 테이블 위에 이불을 덮어서 이불 속에 발을 넣으면 온 몸에 온기를 느끼게 하는 난방기구입니다. 온돌이 없는 일본에서는 겨울에 없어서는 안 될 필수품과도 같습니다. 여러분 중에는 일본 드라마나 영화에서 고타쓰(こたつ)에 둘러앉아 식사를 하거나 이야기를 나누는 광경을 보았을 것입니다. 일본의 소박하면서 정감 가는 가족 드라마는 이 고타쓰(こたつ)에서 시작된다고 할 만큼 일본인들에게 있어서 고타쓰(こたつ)는 따뜻한 추억을 간직하고 있다고 할 수 있지요.

12 毎朝 朝ご飯を 食べますか。

まい あさ あさ はん た

학습목표

이 과에서는 드디어 동사에 대해 배워보겠습니다.
동사는 문장의 기본 뼈대를 이루는 가장 중요한 요소여서,
동사를 잘 알고 있으면 다른 표현을 잘하지 못해도 뜻은 통하게 되어 있어요.
그럼, 동사의 기본형에서 정중형, 현재형, 과거형에 이르기까지 기본적인 활용형을 배워볼까요?

● 문장을 듣고 따라 말해보세요. 12-1

▶ 毎朝 朝ご飯を 食べますか。
마이 아사 아사 고항 오 타 베 마 스 까

▷ いいえ、食べません。
이 – 에   타 베 마 셍

▶ 今朝も 朝ご飯を 食べませんでしたか。
케 사 모 아사 고항 오 타 베 마 셍 데 시 따 까

▷ はい、コーヒーだけ 飲みました。
하 이   코 – 히 – 다 께 노 미 마 시 따

매일 아침 아침밥을 먹습니까?

주요 표현
▶ 동사의 기본형
▶ 동사의 정중형
　(현재형/과거형)

주요 문형
▶ ～を 食べますか。
▶ いいえ、食べません。
▶ 朝ご飯 食べませんでしたか。
▶ はい、コーヒーだけ 飲みました。

▶ 새로 나온 단어

毎朝 [まいあさ : 마이아사]
매일 아침

朝ご飯 [あさごはん : 아사고항]
아침밥, 아침 식사

食べる [たべる : 타베루] 먹다

～ますか [마스까] ～(합)니까?

～ません [마셍] ～(하)지 않습니다

今朝 [けさ : 케사] 오늘 아침

～ませんでしたか [마센데시따까] ～(하)지 않았습니까?

～だけ [다께] ～만

飲む [のむ : 노무] 마시다

～ました [마시따] ～했습니다

▶ 매일 아침 아침밥을 먹습니까?

▷ 아니요, 먹지 않습니다.

▶ 오늘 아침도 아침밥을 먹지 않았습니까?

▷ 네, 커피만 마셨습니다.

❶ 동사

동사란 사람이나 동물, 사물의 움직임이나 행위, 동작, 작용을 나타내는 말입니다.

▼ **새로 나온 단어**

会う [あう: 아우] 만나다

行く [いく: 이꾸] 가다

泳ぐ [およぐ: 오요구] 헤엄치다

話す [はなす: 하나스] 이야기하다

待つ [まつ: 마쯔] 기다리다

死ぬ [しぬ: 시누] 죽다

遊ぶ [あそぶ: 아소부] 놀다

ある [아루] 있다

降る [ふる: 후루] (눈, 비가) 내리다

乗る [のる: 노루] 타다

入る [はいる: 하이루] 들어가다

帰る [かえる: 카에루] 돌아가(오)다

知る [しる: 시루] 알다

走る [はしる: 하시루] 달리다

1 毎朝 朝ご飯を 食べますか
まいあさ　あさ　はん　　　た

매일 아침 아침밥을 먹습니까?

食[た]べますか(먹습니까?)라고 하는 질문은 ❶동사의 기본형 食[た]べる(먹다)를 食[た]べます(먹습니다)라고 하는 정중형으로 바꾼 형태에 의문형 조사 か가 붙은 것입니다. 이와 같은 동사의 활용을 알기 위해서는 동사의 기본형 및 정중형 ます형으로 활용하는 법을 익혀야 합니다.

❶ 동사의 기본형

일본어 동사의 기본형은 어미의 음이 모두 [u]로 끝납니다. (모음이 [u]로 끝나는 글자를 う단이라고 합니다.) 따라서 일본어 동사는 기본형이 う단으로 끝납니다. 또한 동사의 활용을 위해서는 동사가 속한 그룹을 알아야 합니다. 일본어 동사는 크게 3그룹으로 나누어집니다.

(1) 1그룹동사(5단동사)

① 어미가 う・く・ぐ・す・つ・ぬ・ぶ・む로 끝나는 동사

会う 만나다	行く 가다	泳ぐ 헤엄치다
話す 이야기하다	待つ 기다리다	死ぬ 죽다
遊ぶ 놀다	飲む 마시다	

② 어미가 る로 끝나는 동사 중에서 동사 어간 끝 모음이 [a・u・o]인 동사

ある 있다	降る (눈・비가) 내리다	乗る 타다

③ 예외 동사 : 형태는 2그룹동사와 같지만 예외적으로 1그룹동사처럼 활용하는 동사

入る 들어가다	帰る 돌아가다	知る 알다
走る 달리다		

(2) **2그룹동사(1단동사)**

동사의 어미가 る로 끝나는 동사 중 어간의 끝 모음이 [i·e]로 끝나는 동사입니다. 2그룹동사는 1단동사라고도 하며, 상1단동사와 하1단 동사로 구분됩니다.

① 상1단 동사 : 어간이 い단으로 끝나는 동사

見る 보다　　　起きる 일어나다

② 하1단 동사 : 어간이 え단으로 끝나는 동사

食べる 먹다　　　寝る 자다

(3) **3그룹동사 (불규칙동사, 변격동사)**

3그룹동사는 불규칙동사입니다. 일본어에는 불규칙동사가 아래의 2가지밖에 없습니다.

来る 오다　　　する 하다

▼ 새로 나온 단어

見る [みる: 미루]
보다

起きる [おきる: 오끼루] 일어나다

寝る [ねる: 네루]
자다

来る [くる: 쿠루]
오다

する [스루] 하다

문법 익히기

② 동사의 ます형(정중형)

(1) 1그룹동사(5단동사)

1그룹동사는 동사의 어미를 い단의 글자로 바꾼 다음 ます를 붙입니다.

기본형	활용법	예
会う 만나다	会い＋ます	会います 만납니다
行く 가다	行き＋ます	行きます 갑니다
泳ぐ 헤엄치다	泳ぎ＋ます	泳ぎます 헤엄칩니다
話す 이야기하다	話し＋ます	話します 이야기합니다
待つ 기다리다	待ち＋ます	待ちます 기다립니다
死ぬ 죽다	死に＋ます	死にます 죽습니다
遊ぶ 놀다	遊び＋ます	遊びます 놉니다
飲む 마시다	飲み＋ます	飲みます 마십니다
ある 있다	あり＋ます	ありみます 있습니다
降る 내리다	降り＋ます	降ります 내립니다
乗る 타다	乗り＋ます	乗ります 탑니다
入る 들어오다	入り＋ます	入ります 들어갑니다
帰る 돌아가다	帰り＋ます	帰ります 돌아갑니다
知る 알다	知り＋ます	知ります 압니다
走る 달리다	走り＋ます	走ります 달립니다

(2) 2그룹동사(상1단동사, 하1단동사)

2그룹동사는 어미 る를 삭제하고 어간에 ます를 붙입니다.

기본형	활용법	예
見る 보다	見＋ます	見ます 봅니다
起きる 일어나다	起き＋ます	起きます 일어납니다
食べる 먹다	食べ＋ます	食べます 먹습니다
寝る 자다	寝＋ます	寝ます 잡니다

(3) 3그룹동사(불규칙동사)

3그룹동사는 어미 る를 삭제하고 어간을 모두 い단으로 바꾼 다음 ます를 붙입니다.

기본형	활용법	예
来る 오다	来＋ます	来ます 옵니다
する 하다	し＋ます	します 합니다

顔を 洗います。 얼굴을 씻습니다.
[카오오 아라이마스]

お茶を 飲みます。 차를 마십니다.
[오챠오 노미마스]

映画を 見ます。 영화를 봅니다.
[에-가오 미마스]

ラーメンを 食べます。 라면을 먹습니다.
[라-멩오 타베마스]

友だちが 来ます。 친구가 옵니다.
[도모다찌가 키마스]

日本語の 勉強を します。 일본어 공부를 합니다.
[니홍고노 벵꾜-오 시마스]

▼ 새로 나온 단어

お酒 [おさけ: 오사께] 술

2 いいえ、食^たべません

아니요, 먹지 않습니다

'~(하)지 않습니다'라는 의미인 ます형의 부정형은 ます를 ません으로 바꾸면 됩니다.

> お酒^{さけ}は 飲^のみません。 술은 마시지 않습니다.
> [오사께와 노미마셍]
>
> 今日^{きょう}は 家^{いえ}に 帰^{かえ}りません。 오늘은 집에 돌아가지 않습니다.
> [쿄-와 이에니 카에리마셍]
>
> 彼^{かれ}と 結婚^{けっこん}は しません。 그와 결혼은 하지 않습니다.
> [카레또 켁꽁와 시마셍]

▼ 새로 나온 단어

ゆうべ [유-베] 어젯밤

いっしょに [잇쇼니] 함께, 같이

いる [이루] (사람이나 동물 등이) 있다

欠席する [けっせきする: 켓세끼스루] 결석하다

3 今朝^{けさ}も 朝^{あさ}ご飯^{はん}を 食^たべませんでしたか

오늘 아침도 밥을 먹지 않았습니까?

'~(하)지 않았습니다'라는 의미인 동사 ます형의 과거부정형은 부정형 ません에 でした를 붙이면 됩니다. 그런데 여기에 의문 조사 か를 붙이면 '~(하)지 않았습니까?'의 질문 형태가 됩니다.

> ゆうべ、彼女^{かのじょ}と いっしょに いませんでしたか。
> [유-베 카노죠또 잇쇼니 이마센데시따까]
> 어젯밤 그녀와 함께 있지 않았습니까?
>
> 昨日^{きのう}、欠席^{けっせき}しませんでしたか。
> [키노- 켓세끼시마센데시따까]
> 어제 결석하지 않았습니까?
>
> 病院^{びょういん}に 行^いきませんでしたか。
> [뵤-인니 이끼마센데시따까]
> 병원에 가지 않았습니까?

4 はい、コーヒーだけ 飲みました

네, 커피만 마셨습니다

❶ 동사의 ます형(과거형)

'~했습니다'라는 의미인 동사 ます형의 과거형은 ます를 ました으로 바꾸면 됩니다.

> 図書館に 行きました。 도서관에 갔습니다.
> [토쇼깐니 이끼마시따]
>
> 新聞を 読みました。 신문을 읽었습니다.
> [심붕오 요미마시따]
>
> 久しぶりに 友だちに 会いました。
> [히사시부리니 토모다찌니 아이마시따]
> 오랜만에 친구를 만났습니다.

❷ ~だけ ~만

だけ는 '~만'이라고 하는 한정을 나타내는 조사입니다.

> あなただけを 信じます。 당신만을 믿습니다.
> [아나따다께오 신-지마스]
>
> これだけ 食べます。 이것만 먹습니다.
> [코레다께 타베마스]
>
> この 歌だけ 歌います。 이 노래만 부릅니다.
> [코노 우따다께 우따이마스]

▼ 새로 나온 단어

新聞 [しんぶん: 심붕] 신문

読む [よむ: 요무] 읽다

久しぶり [ひさしぶり: 히사시부리] 오랫만

信じる [しんじる: 신지루] 믿다

歌う [うたう: 우따우] 노래를 부르다

말해보기

▼ 새로 나온 단어

テレビ [테레비] 텔레비전, TV

とき [토끼] 때

ラジオ [라지오] 라디오

聞く [きく: 키꾸] 듣다

散歩する [さんぽする: 삼뽀스루] 산책하다

インターネット [인따-넷또] 인터넷

1 보기와 같이 제시된 단어로 대화문을 연습해 보세요.

> **보기** テレビを 見(み)る
>
> → A 暇(ひま)な とき、何(なに)を しますか。 한가할 때 무엇을 합니까?
>
> B テレビを 見(み)ます。 TV를 봅니다.

① 本(ほん)を 読(よ)む
② ラジオを 聞(き)く
③ 散歩(さんぽ)する
④ インターネットを する

▼ 새로 나온 단어

毎日 [まいにち: 마이니찌] 매일

作る [つくる: 츠꾸루] 만들다

運動する [うんどうする: 운도-스루] 운동하다

2 보기와 같이 제시된 단어로 대화문을 연습해 보세요.

> **보기** 学校(がっこう)に 行(い)く
>
> → A 毎日(まいにち) 学校(がっこう)に 行(い)きますか。 매일 학교에 갑니까?
>
> B いいえ、毎日(まいにち)は 行(い)きません。
>
> 아니요, 매일은 가지 않습니다.

① 友(とも)だちに 会(あ)う
② 新聞(しんぶん)を 読(よ)む
③ 料理(りょうり)を 作(つく)る
④ 運動(うんどう)する

단어 더하기 동사

ご飯を食べる [ごはんをたべる: 고항오타베루] 밥을 먹다   薬を飲む [くすりをのむ: 구쓰리오노무] 약을 먹다

買い物に行く [かいものにいく: 카이모노니이꾸] 장보러 가다, 쇼핑을 가다

旅行に行く [りょこうにいく: 료꼬-니이꾸] 여행을 가다

3 보기와 같이 제시된 단어로 대화문을 연습해 보세요.

> 보기 日本語の 勉強を する
>
> → A 昨日、日本語の 勉強を しましたか。
>
>   어제 일본어 공부를 했습니까?
>
>   B いいえ、日本語の 勉強を しませんでした。
>
>   아니요, 일본어 공부를 하지 않았습니다.

① 手紙を 書く　　　② ドラマを 見る

③ ショッピングを する　　④ デートを する

▼ 새로 나온 단어

手紙 [てがみ: 테가미] 편지

書く [かく: 카꾸] 쓰다

デート [데-또] 데이트

4 보기와 같이 제시된 단어로 대화문을 연습해 보세요.

> 보기 ニュースを 見る
>
> → A 今朝、ニュースを 見ませんでしたか。
>
>   오늘 아침 뉴스를 보지 않았습니까?
>
>   B はい、見ませんでした。 네, 보지 않았습니다.

① 歯を 磨く　　　② 顔を 洗う

③ シャワーを 浴びる　　④ 掃除を する

▼ 새로 나온 단어

ニュース [뉴-스] 뉴스

歯 [は: 하] 이, 치아

磨く [みがく: 미가꾸] 닦다

シャワー [샤와-] 샤워

浴びる [あびる: 아비루] 뒤집어쓰다

掃除 [そうじ: 소-지] 청소

タバコを吸う [タバコをすう: 타바꼬오스우] 담배를 피우다

お風呂に入る [おふろにはいる: 오후로니하이루] 목욕을 하다

メールを送る [メールをおくる: 메루오오꾸루] 메일을 보내다

1 밑줄 친 부분에 들어갈 알맞은 말을 보기에서 찾아 문장을 완성해 보세요.

보기	食べます	飲みます	洗います
	書きます	行きます	

① 毎朝 コーヒーを _____。(매일 아침 커피를 마십니다.)

② 顔を _____。(얼굴을 씻습니다.)

③ 明日 学校に _____。(내일 학교에 갑니다.)

④ 手紙を _____。(편지를 씁니다.)

⑤ ラーメンを _____。(라면을 먹습니다.)

2 밑줄 친 부분의 표현을 일본어로 써 보세요.

① 毎日 運動を 합니다.

⇨ _____

② 昨日 友だちに 만났습니다.

⇨ _____

③ 今朝 ニュースを 들었습니다.

⇨ _____

④ 明日は 会社に 가지 않습니다.

⇨ _____

⑤ 先週 映画を 보지 않았습니다.

⇨ _____

쉬어가기

일본의 식사 문화

동사를 배우면서 가장 먼저 배우는 표현 중의 하나가 식사와 관련된 동사입니다. 한국과 일본의 식사 문화는 비슷한 듯하지만 다른 면도 많습니다.

우선 일본에서는 식사 전 "이따다끼마스(いただきます : 잘 먹겠습니다)"라고 말하고, 식사 후에는 "고찌소−사마(ごちそうさま(でした) : 잘 먹었습니다)"라고 말합니다. 재미있는 것은 이렇게 인사하고 밥 먹는 것이 어릴 적부터의 습관이 되어서 혼자서 밥을 먹을 때도 이와 같이 인사하는 모습을 종종 볼 수 있습니다.

또한 우리나라에서는 숟가락을 많이 사용하지만, 일본에서는 숟가락은 젓가락으로 먹기 힘든 덮밥 요리나 카레 등 한정된 음식을 제외하고는 그다지 사용하지 않습니다. 그래서 식당을 가면 숟가락이 같이 나오지 않고 젓가락만 먼저 주는 곳이 대부분이지요. 국도 숟가락 없이 그냥 그릇 채로 후루룩 마시면서 건더기는 젓가락으로 먹습니다.

그리고 일본에서는 밥그릇과 국그릇을 들고 먹습니다. 만약 밥그릇을 식탁에 두고 얼굴을 숙여 밥을 먹으면 '이누구이(いぬぐい, 犬食い)'라고 해서 별로 좋아하지 않습니다. 한마디로 개처럼 먹는다고 보는 거지요. 우리나라에선 밥그릇 들고 먹는 것이 별로 우아하지 않은 모습으로 보는데 말이에요.

아무튼 가까운 듯하면서도 멀고, 비슷한 듯하면서도 다른 한국과 일본 서로의 문화를 존중하는 것이 중요하겠습니다.

13 ちょっと お茶でも しませんか。

학습목표

여러분은 가끔 친구들과 영화를 보기도 하고 차를 마시기도 하는지요?
상대방에게 무엇인가를 권하거나 약속을 정할 때 유용하게 사용할 수 있는
권유형에 대해 배워 보도록 하겠습니다.

● 문장을 듣고 따라 말해보세요. 13-1

▶ ちょっと お茶でも しませんか。
촛 또 오챠데모 시마셍 까

▷ 何時に どこで 会いましょうか。
난 지 니 도꼬데 아이마 쇼 ― 까

▶ 午後 3時 喫茶店で、
고 고 산 지 킷사뗀데

どうですか。
도 ― 데 스 까

▷ 今日は 遅くまで 楽しく 遊びましょう。
쿄― 와 오소꾸마데 타노시 꾸 아소비마 쇼 ―

잠깐 차라도 마시지 않을래요?

13과 MP3 듣기

▶ 잠깐 차라도 마시지 않을래요?

▷ 몇 시에 어디서 만날까요?

▶ 오후 3시 찻집에서 어떻습니까?

▷ 오늘은 늦게까지 즐겁게 놉시다.

▼ 새로 나온 단어

ちょっと [촛또] 잠시, 잠깐

~でも [데모] ~라도

~ませんか [마셍까] ~(하)지 않겠습니까?

~に [니] ~에(시점)

~で [데] ~에서(장소)

~ましょうか [마쇼-까] ~할까요?

どうですか [도-데스까] 어떻습니까?

遅く [おそく : 오소꾸] 늦게

楽しく [たのしく : 타노시꾸] 즐겁게

~ましょう [마쇼-] ~합시다

▼ 새로 나온 단어

食事 [しょくじ: 쇼꾸지] 식사

歩く [あるく: 아루꾸] 걷다

1 ちょっと お茶でも しませんか

잠깐 차라도 마시지 않을래요?

〜ませんか는 '〜(하)지 않겠습니까?'라는 뜻으로, 동사의 ます의 부정형인 ません에 의문조사 か를 붙인 것입니다. 상대방의 의향을 정중하게 물어보면서 부드럽게 권유할 때 사용하는 표현입니다.

또한 이때 상대방에게 부담을 주지 않기 위해 필요한 표현 '〜라도'에 해당하는 조사 でも도 자주 함께 쓰입니다.

> いっしょに 映画でも 見ませんか。
>
> [잇쇼니 에-가데모 미마셍까]
>
> 같이 영화라도 보지 않겠습니까?
>
> いっしょに 食事でも しませんか。
>
> [잇쇼니 쇼꾸지데모 시마셍까]
>
> 같이 식사라도 하지 않겠습니까?
>
> ちょっと いっしょに 歩きませんか。
>
> [춋또 잇쇼니 아루끼마셍까]
>
> 잠깐 같이 걷지 않겠습니까?

2 何時に どこで 会いましょうか

몇 시에 어디서 만날까요?

〜ましょうか는 '〜할까요?'라는 뜻으로 상대방의 의향을 묻거나 권유할 때 사용하는 표현입니다. 〜ましょうか는 ます형과 활용법이 같기 때문에 ます 대신에 ましょうか를 넣어 활용하면 됩니다. 또한 〜ましょうか는 〜ませんか와 거의 비슷한 의미를 가지고 있으나, 좀 더 권하는 사람이 상대방에게 적극적으로 의견을 구하는 뉘앙스가 있습니다.

どこで **映画を** 見ましょうか。 어디서 영화를 볼까요?

[도꼬데 에-가오 미마쇼-까]

少し 休みましょうか。 잠깐 쉴까요?

[스꼬시 야스미마쇼-까]

これに しましょうか。

[코레니 시마쇼-까]

이것으로 할까요? (물건, 메뉴 같은 것을 결정할 때)

3 **午後 3時 喫茶店で、どうですか**

오후 3시 찻집에서, 어떻습니까?

❶ **どうですか** 어떻습니까?

どうですか는 "어떠세요"라고 하는 표현입니다. 상대방의 의향을 물어볼 때 가장 많이 사용하는 표현 중의 하나입니다. 보다 더 정중하게 물어볼 때는 ど うですか 대신에 いかがですか를 사용해도 좋습니다.

これは どうですか。 이것은 어떻습니까?

[코레와 도-데스까]

明日は どうですか。 내일은 어떻습니까?

[아시따와 도-데스까]

こちらは いかがですか。 이쪽은 어떠십니까?

[코찌라와 이까가데스까]

お茶でも いかがですか。 차라도 어떠십니까?

[오챠데모 이까가데스까]

❷ ～で ～에서

～で는 '~에서'라는 뜻을 가지는 장소를 나타내는 조사입니다. 예를 들어 '학교에서 공부를 합니다'. '찻집에서 차를 마십니다'와 같은 문장처럼 주로 어떠한 장소에서 행해지는 구체적인 동작의 내용이 따라옵니다. 구체적인 약속 장소를 정할 때도 사용됩니다.

どこで 会_あいましょうか。 어디에서 만날까요?
[도꼬데 아이마쇼-까]

喫茶店で お茶_{ちゃ}でも 飲_のみましょうか。
[킷사뎅데 오챠데모 노미마쇼-까]
찻집에서 차라도 마실까요?

映画館_{えいがかん}で 映画_{えいが}を 見_みましょうか。
[에-가깐데 에-가오 미마쇼-까]

영화관에서 영화를 볼까요?

▼ 새로 나온 단어

撮る [とる: 토루]
사진을 찍다

乾杯する [かんぱいする: 캄빠이스루]
건배하다

4 今日_{きょう}は 遅_{おそ}くまで 楽_{たの}しく 遊_{あそ}びましょう

오늘은 늦게까지 즐겁게 놉시다

❶ ～ましょう ～합시다

～ましょう는 '~합시다'라는 뜻으로 권하는 사람이 주도권을 가지고 상대방에게 적극적으로 권유할 때 사용하는 표현입니다. 상대방의 의향보다 권하는 사람의 뜻과 희망이 보다 더 강하게 나타나는 뉘앙스가 있기 때문에 상황과 분위기에 맞게 사용하는 것이 좋습니다. 활용형은 ます형과 같습니다.

歌_{うた}を 歌_{うた}いましょう。 노래를 부릅시다.
[우따오 우따이마쇼-]

写真_{しゃしん}を 撮_とりましょう。 사진을 찍읍시다.
[샤싱오 토리마쇼-]

乾杯_{かんぱい}しましょう。 건배합시다.
[캄빠이시마쇼-]

② 楽しく　즐겁게

楽[たの]しくは '즐겁다'라는 뜻의 い형용사 楽[たの]しい의 부사형으로 '즐겁게'라는 뜻입니다.

い형용사의 부사형은 어미 い를 く로 바꾸면 됩니다. (어간＋く) 또한 어미가 だ로 끝나는 な형용사의 부사형은 어미 だ를 に로 바꾸면 됩니다. (어간＋に)

> 早[はや]く 行[い]きましょう。 빨리 갑시다.
> [하야꾸 이끼마쇼-]
>
> おいしく 食[た]べましょう。 맛있게 먹읍시다.
> [오이시꾸 타베마쇼-]
>
> まじめに 勉強[べんきょう]しましょう。 성실하게 공부합시다.
> [마지메니 벵쿄-시마쇼-]
>
> 静[しず]かに しましょう。 조용히 합시다.
> [시즈카니 시마쇼-]

▼ 새로 나온 단어

早く [はやく: 하야꾸] 빨리

おいしく [오이시꾸] 맛있게

まじめに [마지메니] 성실하게

静かに [しずかに: 시즈까니] 조용히

말해보기

▼ 새로 나온 단어

そうする [소-스루]
그렇게 하다

1 보기와 같이 제시된 단어로 대화문을 연습해 보세요.

보기 **映画を 見る**

→ A **いっしょに 映画を 見ませんか。**

함께 영화를 보지 않을래요?

B **いいですね。そうしましょう。** 좋아요. 그렇게 합시다.

① **ご飯を 食べる** ② **歌を 歌う**

③ **ゲームを する** ④ **ジョギングを する**

2 보기와 같이 제시된 단어로 대화문을 연습해 보세요.

보기 **明日・学校**

→ A **いつ どこで 会いましょうか。**

언제 어디에서 만날까요?

B **明日 学校で、どうですか。** 내일 학교에서 어떻습니까?

① **明日・デパート** ② **あさって・銀行の 前**

③ **今週の 月曜日・図書館** ④ **来週の 土曜日・映画館**

단어 더하기

結婚しましょう [けっこんしましょう: 켁꼰시마쇼-] 결혼합시다

ドライブしましょう [도라이부시마쇼-] 드라이브합시다

演劇を見ましょう [えんげきをみましょう: 엥게끼오미마쇼-] 연극을 봅시다

お茶でもしましょう [おちゃでもしましょう: 오챠데모시마쇼-] 차라도 합시다(차라도 마십시다)

3 보기와 같이 제시된 단어로 대화문을 연습해 보세요.

> 보기 お酒を 飲む
>
> → A いっしょに お酒を 飲みましょうか。
>
>   같이 술을 마실까요?
>
>   B それは ちょっと。 그건 좀 ……. (거절)

① 音楽を 聞く

② 写真を 撮る

③ ドライブを する

④ デートを する

笑いましょう [わらいましょう: 와라이마쇼ー] 웃읍시다

歌を歌いましょう [うたをうたいましょう: 우따오우따이마쇼ー] 노래를 부릅시다

ダイエットしましょう [다이엣또시마쇼ー] 다이어트합시다

連絡しましょう [れんらくしましょう: 렌라꾸시마쇼ー] 연락합시다

확인하기

1 밑줄 친 부분에 들어갈 알맞은 말을 보기에서 찾아 문장을 완성해 보세요.

> 보기 飲みましょうか　　行きましょうか
>   見ましょうか　　　食べましょうか

① いっしょに ご飯を ＿＿＿＿＿＿。(같이 밥을 먹을까요?)

② 明日 映画を ＿＿＿＿＿＿。(내일 영화를 볼까요?)

③ 喫茶店で コーヒーでも ＿＿＿＿＿＿。

　(찻집에서 커피라도 마실까요?)

④ いっしょに ドライブに ＿＿＿＿＿＿。

　(같이 드라이브 갈까요?)

2 밑줄 친 부분의 표현을 일본어로 써 보세요.

① どこで 만날까요?

　⇨ ＿＿＿＿＿＿＿＿＿＿＿＿＿＿＿＿＿＿＿＿

② 明日の 午後は 어떻습니까?

　⇨ ＿＿＿＿＿＿＿＿＿＿＿＿＿＿＿＿＿＿＿＿

③ いっしょに 食事を 할까요?

　⇨ ＿＿＿＿＿＿＿＿＿＿＿＿＿＿＿＿＿＿＿＿

④ いっしょに 映画を 보지 않겠습니까?

　⇨ ＿＿＿＿＿＿＿＿＿＿＿＿＿＿＿＿＿＿＿＿

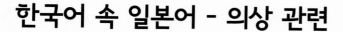

쉬어가기

한국어 속 일본어 - 의상 관련

　한국어 속에 남아 있는 일본어의 영향은 우리들의 의복, 의상 용어에도 많이 나타납니다. 예를 들어 '꽃가라 모양의 소라색 나시티', '곤색 몸빼바지'와 같은 말 속에는 표준어가 아닌 일본어의 잔재를 보게 됩니다.

　먼저, '꽃가라'에서 가라는 일본어 '가라(から, 柄)'에서 왔습니다. 일본어로 '가라(から, 柄)'는 '무늬'라는 뜻입니다. 따라서 '꽃무늬'가 표준어가 되지요. '나시'는 일본어 '소데나시(そでなし, 袖無)'에서 왔는데, '소데나시(そでなし, 袖無)'는 '민소매'를 뜻하는 말에서 왔습니다. 그리고 소라색은 하늘색을 뜻하는데, 소라(そら, 空)가 '하늘'이라는 뜻의 일본어이기 때문입니다. 또한 진한 남색, 군청색을 곤색이라고 하는 것 역시 곤색(こんいろ, 紺色)에서 온 말이지요. 시골에서 일할 때 편하게 입는 고무줄 허드렛바지를 몸빼바지라고 하는데, 이 역시 일본어 몸빼(もんぺ)에서 온 것입니다.

　이 외에도 '기지가 좋은 옷'이라는 표현에서 기지(きじ, 生地)도 '천, 옷감'이라는 뜻의 일본어입니다. '우와기'와 '쓰봉' 역시 '윗도리, 상의'라고 하는 뜻의 일본어 '우와기(うわぎ, 上衣)'와 '양복바지'라는 뜻의 '즈봉(ズボン)'에서 온 것이지요. 이처럼 일상생활 용어 속에 많은 용어들이 일본어에서 왔음을 알수 있을 거예요.

꽃가라가 들어간 나시티를 보여 주세요.

NEW 처음 시작하는 청춘 일본어

연습문제
정답 및 해석

01 私は 主婦です。 저는 주부입니다.

말해보기

1 ① 私は 教師です。 나는 교사입니다.
　② 私は 医者です。 나는 의사입니다.
　③ 私は 会社員です。 나는 회사원입니다.
　④ 私は 学生です。 나는 학생입니다.

2 ① A 中村さんは 歌手ですか。 나카무라 씨는 가수입니까?
　　 B はい、そうです。 네, 그렇습니다.
　② A 鈴木さんは 運転手ですか。 스즈키 씨는 운전수입니까?
　　 B はい、そうです。 네, 그렇습니다.
　③ A 上田さんは 美容師ですか。 우에다 씨는 미용사입니까?
　　 B はい、そうです。 네, 그렇습니다.
　④ A 田中さんは 作家ですか。 다나카 씨는 작가입니까?
　　 B はい、そうです。 네, 그렇습니다.

3 ① A 医者ですか。 의사입니까?
　　 B いいえ、医者では ありません。 아니요, 의사가 아닙니다.
　② A 歌手ですか。 가수입니까?
　　 B いいえ、歌手では ありません。 아니요, 가수가 아닙니다.
　③ A 公務員ですか。 공무원입니까?
　　 B いいえ、公務員では ありません。 아니요, 공무원이 아닙니다.
　④ A 会社員ですか。 회사원입니까?
　　 B いいえ、会社員では ありません。 아니요, 회사원 아닙니다.

4 ① A 彼は 医者ですか。 그는 의사입니까?
　　 B いいえ、医者では ありません。記者です。 아니요, 의사가 아닙니다. 기자입니다.
　② A 彼は 運転手ですか。 그는 운전수입니까?
　　 B いいえ、運転手では ありません。歌手です。 아니요, 운전수가 아닙니다. 가수입니다.

③ A 彼女は 美容師ですか。　그녀는 미용사입니까?

　 B いいえ、美容師では ありません。主婦です。　아니요, 미용사가 아닙니다. 주부입니다.

④ A 彼女は 公務員ですか。　그녀는 공무원입니까?

　 B いいえ、公務員では ありません。作家です。　아니요, 공무원이 아닙니다. 작가입니다.

확인하기

1　① 私は 主婦です。　나는 주부입니다.

　② 彼は 学生です。　그는 학생입니다.

　③ 彼女は 医者です。　그녀는 의사입니다.

　④ 金さんは 歌手です。　김 씨는 가수입니다.

2　① 私は 教師では ありません。　나는 교사가 아닙니다.

　② あなたは 公務員では ありません。　당신은 공무원이 아닙니다.

　③ 彼は 銀行員では ありません。　그는 은행원이 아닙니다.

　④ 彼女は 記者では ありません。　그녀는 기자가 아닙니다.

02　趣味は 何ですか。 취미는 무엇입니까?

말해보기

1　① A キムさんの 趣味は 何ですか。　김 씨의 취미는 무엇입니까?

　 B 私の 趣味は 読書です。　제 취미는 독서입니다.

　② A イさんの 趣味は 何ですか。　이 씨의 취미는 무엇입니까?

　 B 私の 趣味は 料理です。　제 취미는 요리입니다.

　③ A 田中さんの 趣味は 何ですか。　다나카 씨의 취미는 무엇입니까?

　 B 私の 趣味は ハイキングです。　제 취미는 하이킹입니다.

　④ A 中村さんの 趣味は 何ですか。　나카무라 씨의 취미는 무엇입니까?

　 B 私の 趣味は 散歩です。　제 취미는 산책입니다.

2 ① A ワンさんの 趣味は 囲碁です。　왕 씨의 취미는 바둑입니다.
　　B 私の 趣味も 囲碁です。　제 취미도 바둑입니다.

② A パクさんの 趣味は つりです。　박 씨의 취미는 낚시입니다.
　　B 私の 趣味も つりです。　제 취미도 낚시입니다.

③ A 中村さんの 趣味は ショッピングです。　나카무라 씨의 취미는 쇼핑입니다.
　　B 私の 趣味も ショッピングです。　제 취미도 쇼핑입니다.

④ A 小林さんの 趣味は ヨガです。　고바야시 씨의 취미는 요가입니다.
　　B 私の 趣味も ヨガです。　제 취미도 요가입니다.

3 ① A キムさんの 趣味は 何ですか。　김 씨의 취미는 무엇입니까?
　　B 私の 趣味は ゲームと ドラマです。　제 취미는 게임과 드라마입니다.

② A オさんの 趣味は 何ですか。　오 씨의 취미는 무엇입니까?
　　B 私の 趣味は 旅行と ショッピングです。　제 취미는 여행과 쇼핑입니다.

③ A 田中さんの 趣味は 何ですか。　다나카 씨의 취미는 무엇입니까?
　　B 私の 趣味は 野球と サッカーです。　제 취미는 야구와 축구입니다.

④ A 鈴木さんの 趣味は 何ですか。　스즈키 씨의 취미는 무엇입니까?
　　B 私の 趣味は ダンスと サイクリングです。　제 취미는 댄스와 사이클링입니다.

확인하기

1 ① 趣味は 何ですか。　취미는 무엇입니까?
② 彼女の 名前は？　그녀의 이름은요?
③ 先生と 学生。　선생님과 학생.
④ 中村さんも 医者です。　나카무라 씨도 의사입니다.

2 ① 趣味は 何ですか。　취미는 무엇입니까?
② 田中さんの 友だちです。　다나카 씨의 친구입니다.
③ 私の 趣味も ゲームです。　제 취미도 게임입니다.
④ 彼と 彼女は 友だちです。　그와 그녀는 친구입니다.

03 これは 日本語の 本です。 이것은 일본어 책입니다.

말해보기

1　① これは かばんです。　이것은 가방입니다.

　　② それは めがねです。　이것은 안경입니다.

　　③ それは ぼうしです。　이것은 모자입니다.

　　④ あれは ボールペンです。　저것은 볼펜입니다.

2　① A これは 何ですか。　이것은 무엇입니까?
　　　B それは 財布です。　그것은 지갑입니다.
　　② A それは 何ですか。　그것은 무엇입니까?
　　　B これは 新聞です。　이것은 신문입니다.
　　③ A それは 何ですか。　그것은 무엇입니까?
　　　B これは スマホです。　이것은 스마트폰입니다.
　　④ A あれは 何ですか。　저것은 무엇입니까?
　　　B あれは かさです。　저것은 우산입니다.

3　① A これは キムさんの かばんですか。　이것은 김 씨의 가방입니까?
　　　B はい、 それは キムさんのです。　네, 그것은 김 씨의 것(가방)입니다.
　　② A これは オさんの カメラですか。　이것은 오 씨의 카메라입니까?
　　　B はい、 それは オさんのです。　네, 그것은 오 씨의 것(카메라)입니다.
　　③ A それは 田中さんの スマホですか。　그것은 다나카 씨의 스마트폰입니까?
　　　B はい、 これは 田中さんのです。 네, 이것은 다나카 씨의 것(스마트폰)입니다.
　　④ A あれは 中村さんの 車ですか。　저것은 나카무라 씨의 차입니까?
　　　B はい、 あれは 中村さんのです。　네, 저것은 나카무라 씨의 것(차)입니다.

4　① A この ゆびわは だれのですか。　이 반지는 누구 것입니까?
　　　B それは キムさんのです。　그것은 김 씨의 것(반지)입니다.
　　② A その かさは だれのですか。　그 우산은 누구 것입니까?
　　　B これは 田中さんのです。　이것은 다나카 씨 것(우산)입니다.

③ A その めがねは だれのですか。　그 안경은 누구 것입니까?

　B これは 中村(なかむら)さんのです。　이것은 다나카 씨 것(안경)입니다.

④ A あの 自転車(じてんしゃ)は だれのですか。　저 자전거는 누구 것입니까?

　B あれは 先生(せんせい)のです。　저것은 선생님 것(자전거)입니다.

확인하기

1　① この 車(くるま)は あなたのですか。　이 자동차는 당신 것입니까?

　② これは 私(わたし)の 本(ほん)です。　이것은 제 책입니다.

　③ 日本語(にほんご)の 本(ほん)は 先生(せんせい)のです。　일본어 책은 선생님 것입니다.

　④ あれは 何(なん)ですか。　저것은 무엇입니까?

2　① それは 何(なん)ですか。　그것은 무엇입니까?

　② これは 本(ほん)です。　이것은 책입니다.

　③ 田中(たなか)さんは 日本語(にほんご)の 先生(せんせい)ですか。　다나카 씨는 일본어 선생님입니까?

　④ あの かばんは 私(わたし)のです。　저 가방은 제 것입니다.

04　電話番号(でんわばんごう)は 何番(なんばん)ですか。 전화번호는 몇 번입니까?

말해보기

1　① A 文化(ぶんか)センターの 電話番号(でんわばんごう)は 何番(なんばん)ですか。　문화센터 전화번호는 몇 번입니까?

　　B ０３１－７４５－９６７１(ゼロさんいち の ななよんご の きゅうろくなないち)です。　031-745-9671입니다.

　② A 学校(がっこう)の 電話番号(でんわばんごう)は 何番(なんばん)ですか。　학교 전화번호는 몇 번입니까?

　　B ０２－３２９０－１６８４(ゼロに の さんにきゅうゼロ の いちろくはちよん)です。　02-3290-1684입니다.

　③ A 事務室(じむしつ)の 電話番号(でんわばんごう)は 何番(なんばん)ですか。　사무실 전화번호는 몇 번입니까?

　　B ０５３－９２０－５８６７(ゼロごさん の きゅうにゼロ の ごはちろくなな)です。　053-920-5867입니다.

　④ A 銀行(ぎんこう)の 電話番号(でんわばんごう)は 何番(なんばん)ですか。　은행 전화번호는 몇 번입니까?

　　B １５８８－３４３４(いちごはちはち の さんよんさんよん)です。　1588-3434입니다.

2 ① A 今 何時ですか。　지금 몇 시입니까?

　　 B ２時３０分です。　2시 30분입니다.

② A 今 何時ですか。　지금 몇 시입니까?

　　 B ４時１５分です。　4시 15분입니다.

③ A 今 何時ですか。　지금 몇 시입니까?

　　 B ７時４０分です。　7시 40분입니다.

④ A 今 何時ですか。　지금 몇 시입니까?

　　 B ９時５５分です。　9시 55분입니다.

3 ① A 銀行は 何時から 何時までですか。　은행은 몇 시부터 몇 시까지입니까?

　　 B 午前 ９時から 午後 ４時までです。　오전 9시부터 오후 4시까지입니다.

② A 図書館は 何時から 何時までですか。　도서관은 몇 시부터 몇 시까지입니까?

　　 B 午前 ６時から 午後 １１時までです。　오전 6시부터 오후 11시까지입니다.

③ A レストランは 何時から 何時までですか。　레스토랑은 몇 시부터 몇 시까지입니까?

　　 B 午前 １１時から 午後 １０時までです。　오전 11시부터 오후 10시까지입니다.

④ A デパートは 何時から 何時までですか。　백화점은 몇 시부터 몇 시까지입니까?

　　 B 午前 １０時３０分から 午後 ８時までです。
　　　＝ 午前 １０時半から 午後 ８時までです。　오전 10시 30분(=10시 반)부터 오후 8시까지입니다.

확인하기

1 ① 失礼ですが。　실례합니다만.

② 電話番号は 何番ですか。　전화번호는 몇 번입니까?

③ 今 何時ですか。　지금 몇 시입니까?

④ 病院は 何時からですか。　병원은 몇 시부터입니까?

⑤ デパートは 何時までですか。　백화점은 몇 시까지입니까?

2 ① あさ しちじ　아침 7시

② ごぜん じゅうじ　오전 10시

③ ごご ろくじ　오후 6시

④ でんわばんごうは いちごはちはちの ゼロにさんよんです。　전화번호는 1588-0234입니다.
　＝ でんわばんごうは いちごはちはちの れいにさんよんです。

05 これは いくらですか。 이것은 얼마입니까?

말해보기

1 ① A 日本語の 本は いくらですか。　일본어 책은 얼마입니까?
　　B 14500ウォンです。　14500원입니다.
　② A 財布は いくらですか。　지갑은 얼마입니까?
　　B 130000ウォンです。　130000원입니다.
　③ A ボールペンは いくらですか。　볼펜은 얼마입니까?
　　B 750ウォンです。　750원입니다.
　④ A めがねは いくらですか。　안경은 얼마입니까?
　　B 98000ウォンです。　98000원입니다.

2 ① A みかんは いくらですか。　귤은 얼마입니까?
　　B 八つで 1500ウォンです。　여덟 개에 1500원입니다.
　② A なしは いくらですか。　배는 얼마입니까?
　　B 四つで 6000ウォンです。　네 개에 6000원입니다.
　③ A かきは いくらですか。　감은 얼마입니까?
　　B 五つで 2000ウォンです。　다섯 개에 2000원입니다.
　④ A ももは いくらですか。　복숭아는 얼마입니까?
　　B 六つで 10000ウォンです。　여섯 개에 10000원입니다.

3 ① A うどんは いくらですか。　우동은 얼마입니까?
　　B たぬきうどんは 500円で、きつねうどんは 550円です。
　　타누키우동은 500엔이고, 유부우동은 550엔입니다.

② A ケーキは いくらですか。　케이크는 얼마입니까?

B チーズケーキは ３５０円で、チョコレートケーキは ４００円です。

치즈케이크는 350엔이고, 초콜릿케이크는 400엔입니다.

③ A スパゲッティは いくらですか。　스파게티는 얼마입니까?

B トマトソースは ９８０円で、クリームソースは １０５０円です。

토마토소스는 980엔이고, 크림소스는 1050엔입니다.

④ A 自動車は いくらですか。　자동차는 얼마입니까?

B 新車は ３２０万円で、中古車は １６８万円です。

신차는 320만 엔이고, 중고차는 168만 엔입니다.

확인하기

1 ① これは いくらですか。　이것은 얼마입니까?

② それを ください。　그것을 주세요.

③ 三つで ２０００ウォンです。　세 개에 2000원입니다.

④ これは １５００ウォンで、あれは ２０００ウォンです。

이것은 1500원이고, 저것은 2000원입니다.

2 ① 全部で いくらですか。　전부 해서 얼마입니까?

② 一つずつ ください。　한 개씩 주세요.

③ これは 日本語の 本で、あれは 英語の 本です。　이것은 일본어 책이고, 저것은 영어 책입니다.

④ これと それ ください。　이것과 그것 주세요.

06 お誕生日は いつですか。 생신은 언제입니까?

말해보기

1 ① A 明日は 何月何日ですか。　내일은 몇 월 며칠입니까?

B ５月５日です。　5월 5일입니다.

② A 今日は 何月何日ですか。　오늘은 몇 월 며칠입니까?

B ６月６日です。　6월 6일입니다.

③ A 明日は 何月何日ですか。　내일은 몇 월 며칠입니까?

B ８月１５日です。　8월 15일입니다.

④ A 今日は 何月何日ですか。　오늘은 몇 월 며칠입니까?

B １０月９日です。　10월 9일입니다.

2 ① A 中村さんの お誕生日は いつですか。　나카무라 씨의 생일은 언제입니까?

B 私の 誕生日は ２月１４日です。　제 생일은 2월 14일입니다.

② A 小林さんの お誕生日は いつですか。　고바야시 씨의 생일은 언제입니까?

B 私の 誕生日は ３月１０日です。제 생일은 3월 10일입니다.

③ A パクさんの お誕生日は いつですか。　박 씨의 생일은 언제입니까?

B 私の 誕生日は ４月２３日です。　제 생일은 4월 23일입니다.

④ A カンさんの お誕生日は いつですか。강 씨의 생일은 언제입니까?

B 私の 誕生日は ７月７日です。제 생일은 7월 7일입니다.

3 ① A 失礼ですが、何年生まれですか。　실례지만, 몇 년생입니까?

B １９７０年生まれです。　1970년생입니다.

② A 失礼ですが、何年生まれですか。　실례지만, 몇 년생입니까?

B １９６１年生まれです。　1961년생입니다.

③ A 失礼ですが、何年生まれですか。　실례지만, 몇 년생입니까?

B １９５７年生まれです。　1957년생입니다.

④ A 失礼ですが、何年生まれですか。　실례지만, 몇 년생입니까?

B １９５２年生まれです。　1952년생입니다.

4 ① A 失礼ですが、おいくつですか。　실례지만, 몇 살입니까?

B ２８歳です。　28세입니다.

② A 失礼ですが、おいくつですか。　실례지만, 몇 살입니까?

B ３５歳です。　35세입니다.

③ A 失礼ですが、おいくつですか。 실례지만, 몇 살입니까?
   B ４７歳です。 47세입니다.

④ A 失礼ですが、おいくつですか。 실례지만, 몇 살입니까?
   B ６２歳です。 62세입니다.

확인하기

1 ① 先生の お誕生日は いつですか。 선생님의 생신은 언제입니까?
   ② 私の 誕生日は １０月３１日です。 제 생일은 10월 31일입니다.
   ③ 来週の 土曜日です。 다음 주 토요일입니다.
   ④ 失礼ですが、 おいくつ ですか。 실례지만, 몇 살입니까?

2 ① 先生の お誕生日は いつですか。 선생님의 생신은 언제입니까?
   ② 今日は 何月何日ですか。 오늘은 몇 월 며칠입니까?
   ③ 今日は 何曜日ですか。 오늘은 무슨 요일입니까?
   ④ 来週の 月曜日は ５月１１日です。 다음 주 월요일은 5월 11일입니다.

07 日本語の 勉強は 楽しいですか。 일본어 공부는 즐겁습니까?

말해보기

1 ① A この 本は 難しいですか。 이 책은 어렵습니까?
     B いいえ、難しくないです。 아니요, 어렵지 않습니다.

   ② A この コーヒーは 冷たいですか。 이 커피는 차갑습니까?
     B いいえ、冷たくないです。 아니요, 차갑지 않습니다.

   ③ A この かばんは 安いですか。 이 가방은 쌉니까?
     B いいえ、安くないです。 아니요, 싸지 않습니다.

   ④ A この ドラマは おもしろいですか。 이 드라마는 재미있습니까?
     B いいえ、おもしろくないです。 아니요, 재미있지 않습니다.

2 ① A この 本は おもしろいですか。　이 책은 재미있습니까?

　　B はい、おもしろい 本です。　네, 재미있는 책입니다.

　② A この くつは 新しいですか。　이 신발은 새 것입니까?

　　B はい、新しい くつです。　네, 새 신발입니다.

　③ A この 時計は 高いですか。　이 시계는 비쌉니까?

　　B はい、高い 時計です。　네, 비싼 시계입니다.

　④ A この キムチは 辛いですか。　이 김치는 맵습니까?

　　B はい、辛い キムチです。　네, 매운 김치입니다.

3 ① A この 店の 料理は 安いですか。　이 가게의 요리는 쌉니까?

　　B はい、安くて おいしいです。　네, 싸고 맛있습니다.

　② A 日本語の 先生は 優しいですか。　일본어 선생님은 상냥합니까?

　　B はい、優しくて おもしろいです。　네, 상냥하고 재미있습니다.

　③ A 教室は 広いですか。　교실은 넓습니까?

　　B はい、広くて 明るいです。　네, 넓고 밝습니다.

　④ A この スマートフォンは 新しいですか。　이 스마트폰은 새 것입니까?

　　B はい、新しくて 高いです。　네, 새 것이고 비쌉니다.

확인하기

1 ① この 映画は おもしろいです。　이 영화는 재미있습니다.

　② あの 店の 料理は おいしいです。　저 가게의 요리는 맛있습니다.

　③ 高い 車です。　비싼 차입니다.

　④ 新しい 本です。　새로운 책입니다.

2 ① 日本語の 勉強は 楽しいです。　일본어 공부는 즐겁습니다.

　② ひらがなは 難しくないです(＝難しくありません)。　히라가나는 어렵지 않습니다.

　③ 辛い キムチです。　매운 김치입니다.

　④ おもしろくて 優しい 先生です。　재미있고 상냥한 선생님입니다.

　⑤ ぜんぜん 高くないです。　전혀 비싸지 않습니다(높지 않습니다).

말해보기

1 ① A あの 店員^{てんいん}は 親切^{しんせつ}ですか。　저 점원은 친절합니까?

　　 B はい、とても 親切^{しんせつ}な 店員^{てんいん}です。　네, 매우 친절한 점원입니다.

　② A あの 公園^{こうえん}は 静^{しず}かですか。　저 공원은 조용합니까?

　　 B はい、とても 静^{しず}かな 公園^{こうえん}です。　네, 매우 조용한 공원입니다.

　③ A あの いすは 楽^{らく}ですか。　저 의자는 편합니까?

　　 B はい、とても 楽^{らく}な いすです。　네, 매우 편한 의자입니다.

　④ A あの 先生^{せんせい}は ハンサムですか。　저 선생님은 잘생겼습니까?

　　 B はい、とても ハンサムな 先生^{せんせい}です。　네, 매우 잘생긴 선생님입니다.

2 ① A この レストランは 有名^{ゆうめい}ですか。　이 레스토랑은 유명합니까?

　　 B いいえ、あまり 有名^{ゆうめい}じゃないです。　아니요, 그다지 유명하지 않습니다.

　② A この 病院^{びょういん}は 親切^{しんせつ}ですか。　이 병원은 친절합니까?

　　 B いいえ、あまり 親切^{しんせつ}じゃないです。　아니요, 그다지 친절하지 않습니다.

　③ A この デザインは すてきですか。　이 디자인은 멋집니까?

　　 B いいえ、あまり すてきじゃないです。　아니요, 그다지 멋지지 않습니다.

　④ A この スマートフォンは 便利^{べんり}ですか。　이 스마트폰은 편리합니까?

　　 B いいえ、あまり 便利^{べんり}じゃないです。　아니요, 그다지 편리하지 않습니다.

3 ① A 彼女^{かのじょ}は 元気^{げんき}ですか。　그녀는 건강합니까?

　　 B はい、彼女^{かのじょ}は 元気^{げんき}で、すてきです。　네, 그녀는 건강하고, 멋집니다.

　② A 彼^{かれ}は まじめですか。　그는 성실합니까?

　　 B はい、彼^{かれ}は まじめで、親切^{しんせつ}です。　네, 그는 성실하고 친절합니다.

　③ A この 車^{くるま}は 丈夫^{じょうぶ}ですか。　이 차는 튼튼합니까?

　　 B はい、この 車^{くるま}は 丈夫^{じょうぶ}で、有名^{ゆうめい}です。　네, 이 차는 튼튼하고 유명합니다.

　④ A あの レストランは 静^{しず}かですか。　저 레스토랑은 조용합니까?

　　 B はい、あの レストランは 静^{しず}かで、きれいです。　네, 저 레스토랑은 조용하고 깨끗합니다.

1　① あの 会社は とても 有名です。　저 회사는 매우 유명합니다.

② 交通は とても 便利です。　교통은 매우 편리합니다.

③ 日本語の 先生は とても 親切です。　일본어 선생님은 매우 친절합니다.

④ 公園は 静かです。　공원은 조용합니다.

2　① 日本語の 先生は すてきです。　일본어 선생님은 멋집니다.

② この 町は 静かじゃないです(＝静かではありません)。　이 마을은 조용하지 않습니다.

③ まじめな 学生です。　성실한 학생입니다.

④ 彼女は 親切で きれいです。　그녀는 친절하고 예쁩니다.

⑤ 私にとっては 難しくないです。　나에게는 어렵지 않습니다.

09　私は ペットが 好きです。 나는 애완동물을 좋아합니다.

말해보기

1　① A 日本料理が 好きですか。　일본 요리를 좋아합니까?

B1 はい、大好きです。　네, 굉장히 좋아합니다.

B2 いいえ、好きじゃないです。嫌いです。　아니요, 좋아하지 않습니다. 싫어합니다.

② A ショッピングが 好きですか。　일본 요리를 좋아합니까?

B1 はい、大好きです。　네, 굉장히 좋아합니다.

B2 いいえ、好きじゃないです。嫌いです。　아니요, 좋아하지 않습니다. 싫어합니다.

③ A 運動が 好きですか。　일본 요리를 좋아합니까?

B1 はい、大好きです。　네, 굉장히 좋아합니다.

B2 いいえ、好きじゃないです。嫌いです。　아니요, 좋아하지 않습니다. 싫어합니다.

④ A 歌が 好きですか。　일본 요리를 좋아합니까?

B1 はい、大好きです。　네, 굉장히 좋아합니다.

B2 いいえ、好きじゃないです。嫌いです。　아니요, 좋아하지 않습니다. 싫어합니다.

2 ① A 山と 海と どちらが 好きですか。　산하고 바다하고 어느 쪽을 좋아합니까?
　　B 山の 方が 好きです。　산 쪽을 좋아합니다(산을 더 좋아합니다).

② A 音楽と 映画と どちらが 好きですか。　음악하고 영화하고 어느 쪽을 좋아합니까?
　　B 音楽の 方が 好きです。　음악 쪽을 좋아합니다(음악을 더 좋아합니다).

③ A りんごと みかんと どちらが 好きですか。　사과하고 귤하고 어느 쪽을 좋아합니까?
　　B りんごの 方が 好きです。　사과 쪽을 좋아합니다(귤을 더 좋아합니다).

④ A 演歌と バラードと どちらが 好きですか。　엔카하고 발라드하고 어느 쪽을 좋아합니까?
　　B 演歌の 方が 好きです。　엔카 쪽을 좋아합니다(엔카를 더 좋아합니다).

3 ① A 日本料理の 中で 何が 一番 好きですか。　일본 요리 중에서 무엇을 가장 좋아합니까?
　　B すきやきが 一番 好きです。　스키야키를 가장 좋아합니다.

② A 四季の 中で いつが 一番 好きですか。　사계절 중에서 언제를 가장 좋아합니까?
　　B 春が 一番 好きです。　봄을 가장 좋아합니다.

③ A 韓国の 山の 中で どこが 一番 好きですか。　한국의 산 중에서 어디를 가장 좋아합니까?
　　B チリサンが 一番 好きです。　지리산을 가장 좋아합니다.

④ A 日本の 都市の 中で どこが 一番 好きですか。　일본 도시 중에서 어디를 가장 좋아합니까?
　　B 京都が 一番 好きです。　교토를 가장 좋아합니다.

확인하기

1 ① ペットが 好きですか。　애완동물을 좋아합니까?
② 海と 山と どちらが 好きですか。　바다하고 산하고 어느 쪽을 좋아합니까?
③ 山の 方が 好きです。　산(쪽)을 더 좋아합니다.
④ 日本料理の 中で 何が 好きですか。　일본 요리 중에서 무엇을 좋아합니까?
⑤ おすしが 一番 好きです。　초밥을 가장 좋아합니다.

2 ① ドラマの 中で 何が 一番 おもしろいですか。　드라마 중에서 무엇이 가장 재미있습니까?
② 歌手の 中で 誰が 一番 好きですか。　가수 중에서 누구를 가장 좋아합니까?
③ 韓国の 都市の 中で どこが 一番 好きですか。　한국의 도시 중에서 어디를 가장 좋아합니까?
④ 四季の 中で いつが 一番 好きですか。　사계절 중에서 언제를 가장 좋아합니까?

10 これは 弟の 写真です。 이것은 남동생 사진입니다.

말해보기

1　① A 田中さんの お母さんですか。　다나카 씨의 어머니입니까?

　　B はい、私の 母です。　네, 저희 어머니입니다.

　② A 田中さんの お兄さんですか。　다나카 씨의 형(오빠)입니까?

　　B はい、私の 兄です。　네, 저희 형(오빠)입니다.

　③ A 田中さんの お姉さんですか。　다나카 씨의 누나(언니)입니까?

　　B はい、私の 姉です。　네, 저희 누나(언니)입니다.

　④ A 田中さんの 妹さんですか。　다나카 씨의 여동생입니까?

　　B はい、私の 妹です。　네, 제 여동생입니다.

2　① A 先生の お祖母さんです。　선생님의 조모입니다.

　　B 先生の お祖母様ですね。　선생님의 조모님이네요.

　② A 先生の 奥さんです。　선생님의 부인입니다.

　　B 先生の 奥様ですね。　선생님의 부인이네요.

　③ A 先生の お兄さんです。　선생님의 형(오빠)입니다.

　　B 先生の お兄様ですね。　선생님의 형님(오라버니)이네요.

　④ A 先生の お姉さんです。　선생님의 누나(언니)입니다.

　　B 先生の お姉様ですね。　선생님의 누님(언니)이네요.

3　① A 何人家族ですか。　가족은 몇 명입니까?

　　B 母と 兄と 私、妹、四人家族です。　어머니와 형(오빠)와 저, 여동생, 4인 가족입니다.

　② A 何人家族ですか。　가족은 몇 명입니까?

　　B 家内と 息子 一人、三人家族です。　아내와 아들 한 명, 3인 가족입니다.

　③ A 何人家族ですか。　가족은 몇 명입니까?

　　B 主人と 私、娘 二人、四人家族です。　남편과 저, 딸 두 명, 4인 가족입니다.

　④ A 何人家族ですか。　가족은 몇 명입니까?

　　B 両親と 姉と 弟、五人家族です。　부모님과 누나(언니), 남동생, 5인 가족입니다.

4 ① A 友だちは 何人ですか。　친구는 몇 명입니까?

　　B 五人です。　다섯 명입니다.

　② A お子さんは 何人ですか。　아드님은 몇 명입니까?

　　B 四人です。　네 명입니다.

　③ A お客さんは 何人ですか。　손님은 몇 명입니까?

　　B 十人です。　열 명입니다.

　④ A 先生は 何人ですか。　선생님은 몇 명입니까?

　　B 七人です。　일곱 명입니다.

확인하기

1 ① 私の 兄です。　저희 형(오빠)입니다.

　② ご家族は 何人ですか。　가족 분은 몇 명입니까?

　③ 先生の 弟さんですね。　선생님의 남동생이시군요.

　④ 何人兄弟ですか。　형제는 몇 명입니까?

2 ① 私の 父です。　저희 아버지입니다.

　② 先生の お母さん(お母様)です。　선생님의 어머님입니다.

　③ 四人家族です。　4인 가족입니다.

　④ ご家族は 何人ですか。　가족 분은 몇 명입니까?

11 お手洗いは どこですか。 화장실은 어디입니까?

말해보기

1 ① A 時間が ありますか。　시간이 있습니까?

　　B いいえ、ありません。　아니요, 없습니다.

　② A 悩みが ありますか。　고민이 있습니까?

　　B いいえ、ありません。　아니요, 없습니다.

③ A 財布が ありますか。　지갑이 있습니까?

　 B いいえ、ありません。　아니요, 없습니다.

④ A 運転免許が ありますか。　운전면허가 있습니까?

　 B いいえ、ありません。　아니요, 없습니다.

2 ① A 部屋の 中に 犬は いますか。　방 안에 개는 있습니까?

　 B いいえ、いません。　아니요, 없습니다.

② A 部屋の 中に 猫は いますか。　방 안에 고양이는 있습니까?

　 B いいえ、いません。　아니요, 없습니다.

③ A 部屋の 中に 恋人は いますか。　방 안에 애인은 있습니까?

　 B いいえ、いません。　아니요, 없습니다.

④ A 部屋の 中に 日本語の 先生は いますか。　방 안에 일본어 선생님은 있습니까?

　 B いいえ、いません。　아니요, 없습니다.

3 ① A 図書館は どこに ありますか。　도서관은 어디에 있습니까?
　 B 学校の 前に あります。　학교 앞에 있습니다.

② A デパートは どこに ありますか。　백화점은 어디에 있습니까?
　 B 駅の 近くに あります。　역 근처에 있습니다.

③ A 病院は どこに ありますか。　병원은 어디에 있습니까?

　 B コンビニの 後ろに あります。　편의점 뒤에 있습니다.

④ A 郵便局は どこに ありますか。　우체국은 어디에 있습니까?

　 B デパートの 横に あります。　백화점 옆에 있습니다.

4 ① A 友だちは どこに いますか。　친구는 어디에 있습니까?
　 B 私の そばに います。　제 옆에 있습니다.

② A お母さんは どこに いますか。　어머니는 어디에 있습니까?
　 B 部屋の 中に います。　방 안에 있습니다.

③ A 犬は どこに いますか。　개는 어디에 있습니까?
　 B ソファーの 上に います。　소파 위에 있습니다.

④ A 猫は どこに いますか。　고양이는 어디에 있습니까?

B テーブルの 下に います。　테이블 아래에 있습니다.

확인하기

1 ① かばんは どこに ありますか。　가방은 어디에 있습니까?

② 時間は ありません。　시간은 없습니다.

③ 犬は どこに いますか。　개는 어디에 있습니까?

④ 子供は いません。　아이는 없습니다.

2 ① 教室は どこですか。　교실은 어디입니까?

② 財布は かばんの 中に あります。　지갑은 가방 안에 있습니다.

③ 会社は 駅の 前に あります。　회사는 역 앞에 있습니다.

④ 妹は いません。　여동생은 없습니다

12 毎朝 朝ご飯を 食べますか。 매일 아침 아침밥을 먹습니까?

말해보기

1 ① A 暇な とき、何を しますか。　한가할 때 무엇을 합니까?
B 本を 読みます。　책을 읽습니다.

② A 暇な とき、何を しますか。　한가할 때 무엇을 합니까?

B ラジオを 聞きます。　라디오를 듣습니다.

③ A 暇な とき、何を しますか。　한가할 때 무엇을 합니까?

B 散歩します。　산책합니다.

④ A 暇な とき、何を しますか。　한가할 때 무엇을 합니까?

B インターネットを します。　인터넷을 합니다.

2 ① A 毎日 友だちに 会いますか。　매일 친구를 만납니까?

　　 B いいえ、毎日は 会いません。　아니요, 매일은 만나지 않습니다.

　 ② A 毎日 新聞を 読みますか。　매일 신문을 읽습니까?

　　 B いいえ、毎日は 読みません。　아니요, 매일은 읽지 않습니다.

　 ③ A 毎日 料理を 作りますか。　매일 요리를 만듭니까?

　　 B いいえ、毎日は 作りません。　아니요, 매일은 만들지 않습니다.

　 ④ A 毎日 運動しますか。　매일 운동합니까?

　　 B いいえ、毎日は 運動しません。　아니요, 매일은 운동하지 않습니다.

3 ① A 昨日、手紙を 書きましたか。　어제 편지를 썼습니까?

　　 B いいえ、手紙を 書きませんでした。　아니요, 편지를 쓰지 않았습니다.

　 ② A 昨日、ドラマを 見ましたか。　어제 드라마를 봤습니까?

　　 B いいえ、ドラマを 見ませんでした。　아니요, 드라마를 보지 않았습니다.

　 ③ A 昨日、ショッピングを しましたか。　어제 쇼핑을 했습니까?

　　 B いいえ、ショッピングを しませんでした。　아니요, 쇼핑을 하지 않았습니다.

　 ④ A 昨日、デートを しましたか。　어제 데이트를 했습니까?

　　 B いいえ、デートを しませんでした。　아니요, 데이트를 하지 않았습니다.

4 ① A 今朝、歯を 磨きませんでしたか。　오늘 아침 이를 닦지 않았습니까?

　　 B はい、磨きませんでした。　네, 닦지 않았습니다.

　 ② A 今朝、顔を 洗いませんでしたか。　오늘 아침 얼굴을 씻지 않았습니까?

　　 B はい、洗いませんでした。　네, 씻지 않았습니다.

　 ③ A 今朝、シャワーを 浴びませんでしたか。　오늘 아침 샤워를 하지 않았습니까?

　　 B はい、浴びませんでした。　네, 하지 않았습니다.

　 ④ A 今朝、掃除を しませんでしたか。　오늘 아침 청소를 하지 않았습니까?

　　 B はい、しませんでした。　네, 하지 않았습니다.

1 ① 毎日 コーヒー を 飲みます。　매일아침 커피를 마십니다.
   ② 顔を 洗います。　얼굴을 씻습니다.
   ③ 明日 学校に 行きます。　내일 학교에 갑니다.
   ④ 手紙を 書きます。　편지를 씁니다.
   ⑤ ラーメンを 食べます。　라면을 먹습니다.

2 ① 毎日 運動を します。　매일 운동을 합니다.
   ② 昨日 友だちに 会いました。　어제 친구를 만났습니다.
   ③ 今朝 ニュースを 聞きました。　오늘 아침 뉴스를 들었습니다.
   ④ 明日は 会社に 行きません。　내일은 회사에 가지 않습니다.
   ⑤ 先週 映画を 見ませんでした。　지난주 영화를 보지 않았습니다.

13 ちょっと お茶でも しませんか。 잠깐 차라도 마시지 않을래요?

1 ① A いっしょに ご飯を 食べませんか。　함께 밥을 먹지 않을래요?
     B いいですね。そうしましょう。　좋아요. 그렇게 합시다.
   ② A いっしょに 歌を 歌いませんか。　함께 노래를 부르지 않을래요?
     B いいですね。そうしましょう。　좋아요. 그렇게 합시다.
   ③ A いっしょに ゲームを しませんか。　함께 게임을 하지 않을래요?
     B いいですね。そうしましょう。　좋아요. 그렇게 합시다.
   ④ A いっしょに ジョギングを しませんか。　함께 쇼핑을 하지 않을래요?
     B いいですね。そうしましょう。　좋아요. 그렇게 합시다.

2 ① A いつ どこで 会いましょうか。　언제 어디에서 만날까요?

B 明日 デパートで、どうですか。　내일 백화점에서 어떻습니까?

② A いつ どこで 会いましょうか。　언제 어디에서 만날까요?

B あさって 銀行の 前で、どうですか。　모레 은행 앞에서 어떻습니까?

③ A いつ どこで 会いましょうか。　언제 어디에서 만날까요?

B 今週の 月曜日 図書館で、どうですか。　이번 주 월요일 도서관에서 어떻습니까?

④ A いつ どこで 会いましょうか。　언제 어디에서 만날까요?

B 来週の 土曜日 映画館で、どうですか。　다음 주 토요일 영화관에서 어떻습니까?

3 ① A いっしょに 音楽を 聞きましょうか。　같이 음악을 들을래요?

B それは ちょっと。　그건 좀 …….

② A いっしょに 写真を 撮りましょうか。　같이 사진을 찍을래요?

B それは ちょっと。　그건 좀 …….

③ A いっしょに ドライブを しましょうか。　같이 드라이브를 하실래요?

B それは ちょっと。　그건 좀 …….

④ A いっしょに デートを しましょうか。　같이 데이트를 하실래요?

B それは ちょっと。　그건 좀 …….

확인하기

1 ① いっしょに ご飯を 食べましょうか。　같이 밥을 먹을까요?
② 明日 映画を 見ましょうか。　내일 영화를 볼까요?
③ 喫茶店で コーヒーでも 飲みましょうか。　찻집에서 커피라도 마실까요?
④ いっしょに ドライブに 行きましょうか。　같이 드라이브 갈까요?

2 ① どこで 会いましょうか。　어디서 만날까요?
② 明日の 午後は どうですか。　내일 오후는 어떻습니까?
③ いっしょに 食事を しましょうか。　같이 식사를 할까요?
④ いっしょに 映画を 見ませんか。　같이 영화를 보지 않겠습니까?

셋째 마당

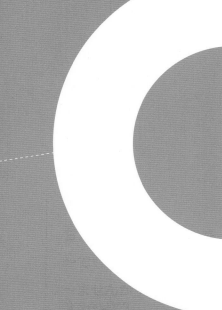

더 알아보기

한눈에 보는
문법 정리표

◆ 인칭대명사

사람을 가리키는 대명사로, 사람의 이름을 대신하여 가리키는 대명사를 말합니다.

1인칭	2인칭	3인칭	부정칭
私（わたし） 나, 저	あなた 당신	彼（かれ） / 彼女（かのじょ） 그 / 그녀	だれ 누구

◆ 명사 활용형

기본형 ～だ ～이다	정중형 ～です ～입니다	의문형 ～ですか ～입니까?	부정형 ～では(じゃ)ありません (ないです) ～이(가) 아닙니다
学生（がくせい）だ 학생이다	学生（がくせい）です 학생입니다	学生（がくせい）ですか 학생입니까?	学生（がくせい）ではありません 학생이 아닙니다
主婦（しゅふ）だ 주부이다	主婦（しゅふ）です 주부입니다	主婦（しゅふ）ですか 주부입니까?	主婦（しゅふ）ではありません 주부가 아닙니다
韓国人（かんこくじん）だ 한국인이다	韓国人（かんこくじん）です 한국인입니다	韓国人（かんこくじん）ですか 한국인입니까?	韓国人（かんこくじん）ではありません 한국인이 아닙니다

◆ 지시대명사

사물을 가리키는 대명사를 말합니다.

	こ	そ	あ	ど
사물	これ 이것	それ 그것	あれ 저것	どれ 어느 것
장소	ここ 여기, 이곳	そこ 거기, 그곳	あそこ 저기, 저곳	どこ 어디, 어느 곳
방향	こちら 이쪽	そちら 그쪽	あちら 저쪽	どちら 어느 쪽
명사 수식	この 이	その 그	あの 저	どの 어느

◆ 숫자 세기 1 (0~100)

0	1	2	3	4
ゼロ・れい	いち	に	さん	よん・し
5	**6**	**7**	**8**	**9**
ご	ろく	しち・なな	はち	きゅう・く
10	**11**	**12**	**13**	**14**
じゅう	じゅういち	じゅうに	じゅうさん	じゅうよん
15	**16**	**17**	**18**	**19**
じゅうご	じゅうろく	じゅうしち じゅうなな	じゅうはち	じゅうきゅう じゅうく
20	**30**	**40**	**50**	**60**
にじゅう	さんじゅう	よんじゅう	ごじゅう	ろくじゅう
70	**80**	**90**	**100**	
ななじゅう	はちじゅう	きゅうじゅう	ひゃく	

◆ 조수사

		〜つ	〜個	〜人
1	いち	一つ(ひとつ) 하나, 한 개	一個(いっこ) 한 개	一人(ひとり) 한 명, 한 사람
2	に	二つ(ふたつ) 둘, 두 개	二個(にこ) 두 개	二人(ふたり) 두 명, 두 사람
3	さん	三つ(みっつ) 셋, 세 개	三個(さんこ) 세 개	三人(さんにん) 세 명, 세 사람
4	よん・し	四つ(よっつ) 넷, 네 개	四個(よんこ) 네 개	四人(よにん) 네 명, 네 사람
5	ご	五つ(いつつ) 다섯, 다섯 개	五個(ごこ) 다섯 개	五人(ごにん) 다섯 명, 다섯 사람
6	ろく	六つ(むっつ) 여섯, 여섯 개	六個(ろっこ) 여섯 개	六人(ろくにん) 여섯 명, 여섯 사람
7	しち・なな	七つ(ななつ) 일곱, 일곱 개	七個(ななこ) 일곱 개	七人(しちにん) 일곱 명, 일곱 사람
8	はち	八つ(やっつ) 여덟, 여덟 개	八個(はっこ) 여덟 개	八人(はちにん) 여덟 명, 여덟 사람
9	きゅう・く	九つ(ここのつ) 아홉, 아홉 개	九個(きゅう) 아홉 개	九人(きゅうにん) 아홉 명, 아홉 사람
10	じゅう	十(とお) 열, 열 개	十個(じゅっこ) 열 개	十人(じゅうにん) 열 명, 열 사람

◆ 숫자 세기 2 (100~10000000)

100	200	300	400	500
ひゃく	にひゃく	さんびゃく	よんひゃく	ごひゃく
600	700	800	900	1000
ろっぴゃく	ななひゃく	はっぴゃく	きゅうひゃく	せん
2000	3000	4000	5000	6000
にせん	さんぜん	よんせん	ごせん	ろくせん
7000	8000	9000	10000	20000
ななせん	はっせん	きゅうせん	いちまん	にまん
30000	40000	50000	60000	70000
さんまん	よんまん	ごまん	ろくまん	ななまん
80000	90000	100000	1000000	10000000
はちまん	きゅうまん	じゅうまん	ひゃくまん	せんまん

◆ **시간 읽기**

1) 시

1時	2時	3時	4時	5時	6時
いちじ	にじ	さんじ	よじ	ごじ	ろくじ
7時	8時	9時	10時	11時	12時
しちじ	はちじ	くじ	じゅうじ	じゅういちじ	じゅうにじ

2) 분

1分	2分	3分	4分	5分
いっぷん	にふん	さんぷん	よんぷん	ごふん
6分	7分	8分	9分	10分
ろっぷん	ななふん しちふん	はちふん はっぷん	きゅうふん	じっぷん じゅっぷん
20分	30分/半	40分	50分	60分
にじっぷん にじゅっぷん	さんじっぷん さんじゅっぷん はん	よんじっぷん よんじゅっぷん	ごじっぷん ごじゅっぷん	ろくじっぷん ろくじゅっぷん

◆ **날짜 읽기**

1) 월

1月	2月	3月	4月	5月	6月
いちがつ	にがつ	さんがつ	しがつ	ごがつ	ろくがつ
7月	**8月**	**9月**	**10月**	**11月**	**12月**
しちがつ	はちがつ	くがつ	じゅうがつ	じゅういちがつ	じゅうにがつ

2) 요일, 일

日曜日 にちようび	月曜日 げつようび	火曜日 かようび	水曜日 すいようび	木曜日 もくようび	金曜日 きんようび	土曜日 どようび
1日	2日	3日	4日	5日	6日	7日
ついたち	ふつか	みっか	よっか	いつか	むいか	なのか
8日	9日	10日	11日	12日	13日	14日
ようか	ここのか	とおか	じゅう いちにち	じゅう ににち	じゅう さんにち	じゅう よっか
15日	16日	17日	18日	19日	20日	21日
じゅう ごにち	じゅう ろくにち	じゅう しちにち	じゅう はちにち	じゅう くにち	はつか	にじゅう いちにち
22日	23日	24日	25日	26日	27日	28日
にじゅう ににち	にじゅう さんにち	にじゅう よっか	にじゅう ごにち	にじゅう ろくにち	にじゅう しちにち	にじゅう はちにち
29日	30日	31日				
にじゅう くにち	さんじゅう にち	さんじゅう いちにち				

◆ い형용사 활용형

기본형 ~い ~(하)다	정중형 ~いです ~합니다	부정형 ~くない ~(하)지 않다	명사 수식형 ~い ~(한)	연결형(나열형) ~くて ~(하)고	부사형 ~く ~(하)게
大^{おお}きい 크다	大^{おお}きいです 큽니다	大^{おお}きくない 크지 않다	大^{おお}きい 큰	大^{おお}きくて 크고	大^{おお}きく 크게
小^{ちい}さい 작다	小^{ちい}さいです 작습니다	小^{ちい}さくない 작지 않다	小^{ちい}さい 작은	小^{ちい}さくて 작고	小^{ちい}さく 작게
高^{たか}い 비싸다	高^{たか}いです 비쌉니다	高^{たか}くない 비싸지 않다	高^{たか}い 비싼	高^{たか}くて 비싸고	高^{たか}く 비싸게
安^{やす}い 싸다	安^{やす}いです 쌉니다	安^{やす}くない 싸지 않다	安^{やす}い 싼	安^{やす}くて 싸고	安^{やす}く 싸게

◆ な형용사 활용형

기본형 ~だ ~(하)다	정중형 ~です ~합니다	부정형 ~では(じゃ)ない ~(하)지 않다	명사 수식형 ~な ~(한)	연결형(나열형) ~で ~(하)고
有名^{ゆうめい}だ 유명하다	有名^{ゆうめい}です 유명합니다	有名^{ゆうめい}ではない 유명하지 않다	有名^{ゆうめい}な 유명한	有名^{ゆうめい}で 유명하고
まじめだ 성실하다	まじめです 성실합니다	まじめではない 성실하지 않다	まじめな 성실한	まじめで 성실하고
親切^{しんせつ}だ 친절하다	親切^{しんせつ}です 친절합니다	親切^{しんせつ}ではない 친절하지 않다	親切^{しんせつ}な 친절한	親切^{しんせつ}で 친절하고
きれいだ 예쁘다	きれいです 예쁩니다	きれいではない 예쁘지 않다	きれいな 예쁜	きれいで 예쁘고

◆ 동사 활용형

기본형	정중형 ～ます ～합니다	정중부정형 ～ません ～(하)지 않습니다	과거형 ～ました ～했습니다	과거부정형 ～ませんでした ～(하)지 않았습니다
会う 만나다	会います 만납니다	会いません 만나지 않습니다	会いました 만났습니다	会いませんでした 만나지 않았습니다
行く 가다	行きます 갑니다	行きません 가지 않습니다	行きました 갔습니다	行きませんでした 가지 않았습니다
泳ぐ 헤엄치다	泳ぎます 헤엄칩니다	泳ぎません 헤엄치지 않습니다	泳ぎました 헤엄쳤습니다	泳ぎませんでした 헤엄치지 않았습니다
話す 이야기하다	話します 이야기합니다	話しません 이야기하지 않습니다	話しました 이야기했습니다	話しませんでした 이야기하지 않았습니다
待つ 기다리다	待ちます 기다립니다	待ちません 기다리지 않습니다	待ちました 기다렸습니다	待ちませんでした 기다리지 않았습니다
死ぬ 죽다	死にます 죽습니다	死にません 죽지 않습니다	死にました 죽었습니다	死にませんでした 죽지 않았습니다
遊ぶ 놀다	遊びます 놉니다	遊びません 놀지 않습니다	遊びました 놀았습니다	遊びませんでした 놀지 않았습니다
飲む 마시다	飲みます 마십니다	飲みません 마시지 않습니다	飲みました 마셨습니다	飲みませんでした 마시지 않았습니다
ある 있다	あります 있습니다	ありません 없습니다	ありました 있었습니다	ありませんでした 없었습니다
降る 내리다	降ります 내립니다	降りません 내리지 않습니다	降りました 내렸습니다	降りませんでした 내리지 않았습니다

기본형	정중형 〜ます 〜합니다	정중부정형 〜ません 〜(하)지 않습니다	과거형 〜ました 〜했습니다	과거부정형 〜ませんでした 〜(하)지 않았습니다
乗る 타다	乗ります 탑니다	乗りません 타지 않습니다	乗りました 탔습니다	乗りませんでした 타지 않았습니다
入る 들어오다	入ります 들어옵니다	入りません 들어오지 않습니다	入りました 들어왔습니다	入りませんでした 들어오지 않았습니다
帰る 돌아가다	帰ります 돌아갑니다	帰りません 돌아가지 않습니다	帰りました 돌아갔습니다	帰りませんでした 돌아가지 않았습니다
見る 보다	見ます 봅니다	見ません 보지 않습니다	見ました 봤습니다	見ませんでした 보지 않았습니다
食べる 먹다	食べます 먹습니다	食べません 먹지 않습니다	食べました 먹었습니다	食べませんでした 먹지 않았습니다
来る 오다	来ます 옵니다	来ません 오지 않습니다	来ました 왔습니다	来ませんでした 오지 않았습니다
する 하다	します 합니다	しません 하지 않습니다	しました 했습니다	しませんでした 하지 않았습니다

NEW 처음 시작하는 청춘 일본어

한눈에 보는
단어장

01 | 私は 主婦です。

あなた [아나따] 당신

アメリカ人 [アメリカじん: 아메리카징] 미국인

いいえ [이-에] 아니요

医者 [いしゃ: 이샤] 의사

運転手 [うんてんしゅ: 운뗀슈] 운전수

会社員 [かいしゃいん: 카이샤잉] 회사원

会長 [かいちょう: 카이쵸-] 회장(님)

ガイド [가이도] 가이드

学生 [がくせい: 각세-] 학생

歌手 [かしゅ: 카슈] 가수

彼女 [かのじょ: 카노쬬] 그녀

彼 [かれ: 카레] 그

韓国人 [かんこくじん: 캉꼬꾸징] 한국인

記者 [きしゃ: 키샤] 기자

教師 [きょうし: 쿄-시] 교사

銀行員 [ぎんこういん: 깅꼬-잉] 은행원

公務員 [こうむいん: 코-무잉] 공무원

作家 [さっか: 삭-까] 작가

社長 [しゃちょう: 샤쬬-] 사장(님)

主婦 [しゅふ: 슈후] 주부

選手 [せんしゅ: 센슈] 선수

先生 [せんせい: 센세-] 선생님

そうです [소-데스] 그렇습니다

中国人 [ちゅうごくじん: 츄-고쿠징] 중국인

デザイナー [데자이나-] 디자이너

～です [데스] ～입니다

～ですか [데스까] ～입니까?

～ではありません [데와 아리마셍]
　～이(가) 아닙니다

日本人 [にほんじん: 니혼징] 일본인

～は [와] ～은(는)

はい [하이] 네, 예

美容師 [びようし: 비요-시] 미용사

部長 [ぶちょう: 부쬬-] 부장(님)

フリーランサー [후리-란사-] 프리랜서

プログラマー [푸로그라마-] 프로그래머

モデル [모데루] 모델

私 [わたし: 와따시] 나, 저

02 | 趣味は 何ですか。

生け花 [いけばな: 이께바나] 꽃꽂이

囲碁 [いご: 이고] 바둑

映画 [えいが: 에-가] 영화

お名前 [おなまえ: 오나마에] 이름, 성함

音楽 [おんがく: 옹가꾸] 음악

ガーデニング [가-데닝구] 원예

ギター [기따-] 기타

車 [くるま: 쿠루마] 차, 자동차

ゲーム [게-무] 게임

ゴルフ [고루후] 골프

サイクリング [사이꾸링구] 사이클링

サッカー [삭까-] 축구

散歩 [さんぽ: 삼뽀] 산책

写真 [しゃしん: 샤싱] 사진

手芸 [しゅげい: 슈게-] 수예

趣味 [しゅみ: 슈미] 취미

将棋 [しょうぎ: 쇼-기] 장기

ショッピング [숍삥구] 쇼핑

書道 [しょどう: 쇼도-] 서예

水泳 [すいえい: 스이에-] 수영

ダンス [단스] 댄스, 춤

つり [츠리] 낚시

〜と [토] ~와(과)

読書 [どくしょ: 도꾸쇼] 독서

友だち [ともだち: 토모다찌] 친구

ドライブ [도라이부] 드라이브

ドラマ [도라마] 드라마

内容 [ないよう: 나이요-] 내용

何 [なに: 나니] 무엇

何 [なん: 낭] 무엇

ネイル [네이루] 네일

〜の [노] ~의

ハイキング [하이킹구] 하이킹

美術 [びじゅつ: 비쥬쯔] 미술

〜も [모] ~도

野球 [やきゅう: 야뀨-] 야구

山登り [やまのぼり: 야마노보리] 등산

夢 [ゆめ: 유메] 꿈

ヨガ [요가] 요가

料理 [りょうり: 료-리] 요리

旅行 [りょこう: 료꼬-] 여행

03 | これは 日本語の 本です。

あれ [아레] 저것

英語 [えいご: 에-고] 영어

カード [카-도] 카드

会社 [かいしゃ: 카이샤] 회사

かがみ [카가미] 거울

かさ [카사] 우산

かばん [카방] 가방

カメラ [카메라] 카메라

韓国 [かんこく: 캉꼬꾸] 한국

キー [키-] 키, 열쇠

この [코노] 이

これ [코레] 이것

財布 [さいふ: 사이후] 지갑

サングラス [상구라스] 선글라스

自転車 [じてんしゃ: 지뗀샤] 자전거

自動車 [じどうしゃ: 지도-샤] 자동차

新聞 [しんぶん: 심붕] 신문

スカーフ [스까-후] 스카프

スマホ [스마호] 스마트폰 (スマートフォン
[스마-또홍]의 준말)

その [소노] 그

それ [소레] 그것

だれ [다레] 누구

手袋 [てぶくろ: 테부꾸로] 장갑

時計 [とけい: 토께-] 시계

どの [도노] 어느

どれ [도레] 어느 것

日本語 [にほんご: 니홍고] 일본어

ネクタイ [네꾸따이] 넥타이

ネックレス [넥꾸레스] 목걸이

～の [노] ～의, ～의 것

ハンカチ [항까찌] 손수건

ブーツ [부-쯔] 부츠

ベルト [베루또] 벨트

ぼうし [보-시] 모자

ボールペン [보-루펭] 볼펜

本 [ほん: 홍] 책

マフラ [마후라] 머플러

めがね [메가네] 안경

ゆびわ [유비와] 반지

04 | 電話番号は 何番ですか。

明け方 [あけがた: 아께가따] 새벽

朝 [あさ: 아사] 아침

アルバイト [아루바이또] 아르바이트

家 [いえ: 이에] 집

いち [이찌] 1

1時間 [いちじかん: 이찌지깡] 1시간

1分 [いっぷん: 입뽕] 1분

今 [いま: 이마] 지금

映画館 [えいがかん: 에-가깡] 영화관

お昼 [おひる: 오히루] 낮, 점심

お店 [おみせ: 오미세] 가게

かかります [카까리마스] 걸립니다

学校 [がっこう: 각꼬-] 학교

～から [카라] ～부터

喫茶店 [きっさてん: 킷사뗑] 찻집, 커피숍

きゅう [큐-] 9

く [쿠] 9

9時 [くじ: 쿠지] 9시

空港 [くうこう: 쿠-꼬-] 공항

ケータイ [케-따이] 핸드폰, 휴대폰

研究所 [けんきゅうじょ: 켄뀨-죠] 연구소

ご [고] 5

午後 [ごご: 고고] 오후

午前 [ごぜん: 고젱] 오전

コンビニ [콤비니] 편의점

さん [상] 3

3分 [さんぷん: 삼뿡] 3분

し [시] 4

～時 [じ: 지] ～시

しち [시찌] 7

10分 [じっぷん/じゅっぷん: 집뿡/쥬ㅂ뿡] 10분

失礼ですが [しつれいですが: 시쯔레-데스가]
　실례합니다만

事務室 [じむしつ: 지무시쯔] 사무실

じゅう [쥬-] 10

11時 [じゅういちじ: 쥬-이찌지] 11시

12時 [じゅうにじ: 쥬-니지] 12시

授業 [じゅぎょう: 쥬교-] 수업

食堂 [しょくどう: 쇼꾸도-] 식당

スーパー [스-빠-] 슈퍼마켓

スポーツセンター [스뽀-쯔센따-] 스포츠센터

ゼロ [제로] 0, 제로, 영

地下鉄駅 [ちかてつえき: 치까떼쯔에끼] 지하철역

出口 [でぐち: 데구찌] 출구

デパート [데빠-또] 백화점

電話番号 [でんわばんごう: 뎅와방고-] 전화번호

図書館 [としょかん: 토쇼깡] 도서관

なな [나나] 7

何時 [なんじ: 난지] 몇 시

何番 [なんばん: 남방] 몇 번

何分 [なんぷん: 남뿡] 몇 분

何曜日 [なんようび: 난요-비] 무슨 요일

に [니] 2

バスターミナル [바스타-미나루] 버스터미널

はち [하찌] 8

8分 [はっぷん: 합뿡] 8분

はん [항] 반

晩 [ばん: 방] 밤

病院 [びょういん: 뵤-잉] 병원

美容室 [びようしつ: 비요-시쯔] 미용실

~分 [ふん/ぷん: 훙/뿡] ~분

文化センター [ぶんかセンター: 붕까센따-]
　　문화센터

本屋 [ほんや: 홍야] 서점, 책방

~まで [마데] ~까지

薬局 [やっきょく: 약꾜꾸] 약국

郵便局 [ゆうびんきょく: 유-빙꾜꾸] 우체국

4時 [よじ: 요지] 4시

夜中 [よなか: 요나까] 한밤중

夜 [よる: 요루] 저녁, 밤

よん [용] 4

4分 [よんぷん: 욤뿡] 4분

れい [레-] 0, 제로, 영

レストラン [레스또랑] 레스토랑

ろく [로꾸] 6

6時 [ろくじ: 로꾸지] 6시

6分 [ろっぷん: 록뿡] 6분

05 | これは いくらですか。

あげました [아게마시따] 주었습니다

アメリカーノ [아메리까-노] 아메리카노

いくら [이꾸라] 얼마

1万 [いちまん: 이찌망] 10000

一個 [いっこ: 익꼬] 한 개

五つ [いつつ: 이쯔쯔] 다섯, 다섯 개

~ウォン [웡] ~원

うどん [우동] 우동

~円 [えん: 엥] ~엔

かき [카끼] 감

カフェオレ [카풰오레] 카페오레

きつねうどん [키쯔네우동] 유부우동

ください [쿠다사이] 주세요

靴下 [くつした: 쿠쯔시따] 양말

クリームソース [쿠리-무소-스] 크림소스

ケーキ [케-끼] 케이크

コート [코-또] 코트

コーヒー [코-히-] 커피

ここ [코꼬] 여기, 이곳

九つ [ここのつ: 코꼬노쯔] 아홉, 아홉 개

さんぜん [산젱] 3000

さんびゃく [삼뱌꾸] 300

下着 [したぎ: 시따기] 속옷

じゃ [쟈] 그럼

シャツ [샤쯔] 셔츠

10万 [じゅうまん: 쥬-망] 100000

十個 [じゅっこ: 쥭꼬] 둘, 두 개

ショップ [숍뿌] 숍, 가게

新車 [しんしゃ: 신샤] 신차, 새 차

ジーンズ [진-즈] 청바지

ジャケット [쟈껫또] 재킷

スーツ [스-쯔] 수트

スカート [스까-또] 스커트

〜ずつ [즈쯔] 〜씩

スパゲッティ [스빠겟띠] 스파게티

ズボン [즈봉] 바지

セーター [세-따-] 스웨터

せん [셍] 1000

全部で [ぜんぶで: 젬부데] 전부해서

100万 [せんまん: 셈망] 10000000

たぬきうどん [타누끼우동] 타누키우동

チーズケーキ [치-즈케-끼] 치즈케이크

チョコレートケーキ [쵸꼬레-또케-끼]
초콜릿케이크

中古車 [ちゅうこしゃ: 쥬-꼬샤] 중고차

〜で [데] 〜이고

十 [とお: 토-] 열, 열 개

トマトソース [토마또소-스] 토마토 소스

〜ドル [도루] 〜달러

ドレス [도레스] 드레스

なし [나시] 배

七個 [ななこ: 나나꼬] 일곱 개

七つ [ななつ: 나나쯔] 일곱, 일곱 개

2000 [にせん: 니셍] 2000

2500 [にせんごひゃく: 니셍고햐꾸] 2500

ニット [닛또] 니트

乗ります [のります: 노리마스] 탑니다

八個 [はっこ: 학꼬] 열 개

はっせん [핫셍] 8000

はっぴゃく [합빠꾸] 800

パンツ [판쯔] 팬츠

ビール [비-루] 맥주

一つ [ひとつ: 히또쯔] 하나, 한 개

一人 [ひとり: 히또리] 한 사람, 혼자

ひゃく [햐꾸] 100

100万 [ひゃくまん: 햐꾸망] 1000000

二つ [ふたつ: 후따쯔] 둘, 두 개

ブラウス [브라우스] 블라우스

みかん [미깡] 귤

三つ [みっつ: 밋쯔] 셋, 세 개

六個 [ろっこ: 록꼬] 여섯 개

六つ [むっつ: 뭇쯔] 여섯, 여섯 개

もも [모모] 복숭아

八つ [やっつ: 얏쯔] 여덟, 여덟 개

四つ [よっつ: 욧쯔] 넷, 네 개

4500 [よんせんごひゃく: 욘셍고햐꾸] 4500

ラーメン [라-멩] 라면

りんご [링고] 사과

ろっぴゃく [롭빠꾸] 600

ワンピース [왐삐-스] 원피스

〜を [오] 〜을(를)

明後日 [あさって: 아삿떼] 모레

明日 [あした: 아시따] 내일

いつ [이쯔] 언제

いつも [이쯔모] 언제나, 항상

いぬ [이누] 개

いのしし [이노시시] 돼지

うさぎ [우사기] 토끼

うし [우시] 소

うま [우마] 말

おいくつ [오이꾸쯔] 몇 살

お誕生日 [おたんじょうび: 오탄죠-비] 생신, 생일

お茶 [おちゃ: 오챠] (녹)차

一昨日 [おととい: 오또또이] 엊그제

お願いします [おねがいします: 오네가이시마스]
　부탁합니다

お水 [おみず: 오미즈] 물

〜月 [がつ: 가쯔] 〜월

記念日 [きねんび: 키넴비] 기념일

昨日 [きのう: 키노-] 어제

今日 [きょう: 쿄-] 오늘

結婚 [けっこん: 켁꽁] 결혼

5歳 [ごさい: 고사이] 5살

ご住所 [ごじゅうしょ: 고쥬-쇼] 주소

今年 [ことし: 코또시] 올해, 금년

今週 [こんしゅう: 콘슈-] 이번 주

〜歳 [さい: 사이] 〜세, 〜살

再来週 [さらいしゅう: 사라이슈-] 다다음 주

さる [사루] 원숭이

31日 [さんじゅういちにち: 산쥬-이찌니찌] 31일

試験 [しけん: 시껭] 시험

7月 [しちがつ: 시찌가쯔] 7월

青春 [せいしゅん: 세-슝] 청춘

生年月日 [せいねんがっぴ: 세-넹갑삐] 생년월일

先週 [せんしゅう: 센슈-] 지난주

先々週 [せんせんしゅう: 센센슈-] 지지난주

たつ [타쯔] 용

どうぞ [도-죠] 드세요

土曜日 [どようび: 도요-비] 토요일

とら [토라] 호랑이(범)

とり [토리] 닭

何年 [なにどし: 나니도시] 무슨 띠

何月何日 [なんがつなんにち: 낭가쯔난니찌]
　몇 월 며칠

何年生まれ [なんねんうまれ: 난넹우마레] 몇 년생

〜日 [にち: 니찌] 〜일

ねずみ [네즈미] 쥐

二十歳 [はたち: 하따찌] 스무 살, 20세

引っ越し [ひっこし: 힉꼬시] 이사

ひつじ [히쯔지] 양

へび [헤비] 뱀

孫 [まご: 마고] 손자

〜曜日 [ようび: 요-비] 〜요일

来週 [らいしゅう: 라이슈-] 다음 주

07 | 日本語の 勉強は 楽しい ですか。

明るい [あかるい: 아까루이] 밝다

新しい [あたらしい: 아따라시-] 새롭다

暑い [あつい: 아쯔이] 덥다

熱い [あつい: 아쯔이] 뜨겁다

油っぽい [あぶらっぽい: 아부랍뽀이] 기름지다

甘い [あまい: 아마이] 달다

いい [이이] 좋다

うまい [우마이] 맛있다, 잘한다

うれしい [우레시-] 기쁘다

駅 [えき: 에끼] 역

おいしい [오이시-] 맛있다

大きい [おおきい: 오-끼-] 크다

おもしろい [오모시로이] 재미있다

辛い [からい: 카라이] 맵다

かわいい [카와이-] 귀엽다

キムチ [키무찌] 김치

教室 [きょうしつ: 쿄-시쯔] 교실

くつ [쿠쯔] 신발, 구두

〜くて [꾸떼] 〜(하)고

〜くない [꾸나이] 〜(하)지 않다

怖い [こわい: 코와이] 무섭다

寒い [さむい: 사무이] 춥다

しょっぱい [숍빠이] 짜다

涼しい [すずしい: 스즈시-] 시원하다

酸っぱい [すっぱい: 습빠이] 시다

スマートフォン [스마-또홍] 스마트폰

ぜんぜん [젠젱] 전혀

楽しい [たのしい: 타노시-] 즐겁다

小さい [ちいさい: 치-사이] 작다

近い [ちかい: 치까이] 가깝다

冷たい [つめたい: 츠메따이] 차갑다

長い [ながい: 나가이] 길다

ひらがな [히라가나] 히라가나

広い [ひろい: 히로이] 넓다

勉強 [べんきょう: 벵꾜-] 공부

短い [みじかい: 미지까이] 짧다

店 [みせ: 미세] 가게, 상점

難しい [むずかしい: 무즈까시-] 어렵다

やさしい [야사시-] 쉽다

優しい [やさしい: 야사시-] 상냥하다

安い [やすい: 야스이] 값이 싸다

悪い [わるい: 와루이] 나쁘다

08 | あの 病院は 有名ですか。

あまり [아마리] 그다지, 별로

安心だ [あんしんだ: 안신다] 안심이다

安全だ [あんぜんだ: 안젠다] 안전하다

いす [이스] 의자

お医者さん [おいしゃさん: 오이샤상] 의사선생님

学生たち [がくせいたち: 가꾸세-따찌] 학생들

〜からも [카라모] 〜부터도

漢字 [かんじ: 칸지] 한자

簡単だ [かんたんだ: 칸딴다] 간단하다

嫌いだ [きらいだ: 키라이다] 싫어하다

きれいだ [키레-다] 예쁘다, 깨끗하다

景色 [けしき: 케시끼] 경치, 풍경

元気だ [げんきだ: 겡끼다] 건강하다

公園 [こうえん: 코-엥] 공원

交通 [こうつう: 코-쯔-] 교통

子供 [こども: 코도모] 어린이, 어린아이

最高 [さいこう: 사이꼬-] 최고

静かだ [しずかだ: 시즈까다] 조용하다

地味だ [じみだ: 지미다] 수수하다

上手だ [じょうずだ: 죠-즈다] 잘한다, 능숙하다

丈夫だ [じょうぶだ: 죠-부다] 튼튼하다

親切だ [しんせつだ: 신세쯔다] 친절하다

好きだ [すきだ: 스끼다] 좋아하다

すてきだ [스떼끼다] 멋지다, 훌륭하다

大切だ [たいせつだ: 타이세쯔다]
　소중하다, 중요하다

大変だ [たいへんだ: 타이헨다] 힘들다, 큰일이다

地下鉄 [ちかてつ: 치까떼쯔] 지하철

～で [데] ～(하)고

デザイン [데자잉] 디자인

でも [데모] 하지만

店員 [てんいん: 텡잉] 점원

とても [토떼모] 매우, 아주

にぎやかだ [니기야까다] 번화하다, 번잡하다

～にとっては [니톳떼와] ～에게는

派手だ [はでだ: 하데다] 화려하다

ハンサムだ [한사무다] 잘생기다

人 [ひと: 히또] 사람

暇だ [ひまだ: 히마다] 한가하다

下手だ [へただ: 헤따다] 서툴다, 못하다

便利だ [べんりだ: 벤리다] 편리하다

まじめだ [마지메다] 성실하다

町 [まち: 마찌] 마을

問題 [もんだい: 몬다이] 문제

有名だ [ゆうめいだ: 유-메-다] 유명하다

楽だ [らくだ: 라꾸다] 편하다

立派だ [りっぱだ: 립빠다] 훌륭하다

09 | 私は ペットが 好きです。

秋 [あき: 아끼] 가을

あちら [아찌라] 저쪽

いちご [이찌고] 딸기

一番 [いちばん: 이찌방] 가장, 제일

歌 [うた: 우따] 노래

美しい [うつくしい: 우쯔꾸시-] 아름답다

海 [うみ: 우미] 바다

運動 [うんどう: 운도-] 운동

演歌 [えんか: 엥까] 엔카

オレンジ [오렌지] 오렌지

～が [가] ～이(가), ～을(를)

外国語 [がいこくご: 가이꼬꾸고] 외국어

韓国料理 [かんこくりょうり: 캉꼬꾸료-리]
　한국 요리

季節 [きせつ: 키세쯔] 계절

キムチチゲ [키무치찌게] 김치찌개

京都 [きょうと: 쿄-또] 교토

クラス [쿠라스] 반, 학급

くり [쿠리] 밤

恋人 [こいびと: 코이비또] 연인, 애인

こちら [코찌라] 이쪽

さしみ [사시미] 생선회

四季 [しき: 시끼] 사계, 사계절

柔道 [じゅうどう: 쥬-도-] 유도

ジョギング [죠깅구] 조깅

すいか [스이까] 수박

すきやき [스끼야끼] 스키야키

すし [스시] 초밥

ソウル [소우루] 서울

そちら [소찌라] 그쪽

大好きだ [だいすきだ: 다이스끼다] 아주 좋아하다

中国 [ちゅうごく: 쥬-고꾸] 중국

チリサン [치리상] 지리산

チワワ [치와와] 치와와(개의 종류)

～で [데] ~에서

～と [또] ~와, ~하고

どこ [도꼬] 어디

都市 [とし: 토시] 도시

どちら [도찌라] 어느 쪽

トマト [토마또] 토마토

中 [なか: 나까] 중, 가운데

日本 [にほん: 니홍] 일본

日本料理 [にほんりょうり: 니혼료-리] 일본 요리

猫 [ねこ: 네꼬] 고양이

パイナップル [파이납푸루] 파인애플

バスケットボール [바스껫또보-루] 농구

バナナ [바나나] 바나나

バラード [바라-도] 발라드

春 [はる: 하루] 봄

バレーボール [바레-보-루] 배구

ぶどう [부도-] 포도

冬 [ふゆ: 후유] 겨울

ペット [펫또] 애완동물

方 [ほう: 호-] 쪽, 편

ボーリング [보-링구] 볼링

街 [まち: 마찌] 거리

メロン [메롱] 메론

山 [やま: 야마] 산

～より [요리] ~보다

10 | これは 弟の 写真です。

兄 [あに: 아니] (자신의) 형, 오빠

姉 [あね: 아네] 누나, 언니

いとこ [이또꼬] 사촌

妹 [いもうと: 이모-또] 여동생

妹さん(様) [いもうとさん(さま): 이모-또상(사마)] 여동생

お母さん(様) [おかあさん(さま): 오까-상(사마)] 어머니, 어머님

お客さん [おきゃくさん: 오캬꾸상] 손님

奥さん(様) [おくさん(さま): 옥상(사마)] 부인

お子さん [おこさん: 오꼬상] 자제분

お祖父さん(様) [おじいさん(さま): 오지상(사마)]
　　할아버지, 할아버님

夫 [おっと: 옷또] 남편

お父さん(様) [おとうさん(さま): 오또-상(사마)]
　　아버지, 아버님

弟 [おとうと: 오또-또] (자신의) 남동생

弟さん [おとうとさん: 오또-또상] (남의) 남동생

弟様 [おとうとさま: 오또-또사마] 남동생

お兄さん(様) [おにいさん(さま): 오니-상(사마)]
　　형, 오빠

お姉さん(様) [おねえさん(さま): 오네-상(사마)]
　　누나, 언니

祖母さん(様) [おばあさん(さま): 오바-상(사마)]
　　할머니, 할머님

家族 [かぞく: 카조꾸] 가족

家内 [かない: 카나이] 아내

九人 [きゅうにん: 큐-닝] 아홉 사람, 아홉 명

兄弟 [きょうだい: 쿄-다이] 형제

ご家族 [ごかぞく: 고카조꾸] 가족 분

ご兄弟 [ごきょうだい: 고쿄-다이] 형제 분

ご主人さん(様) [ごしゅじんさん(さま): 고슈진상
　　(사마)] 남편

五人 [ごにん: 고닝] 다섯 사람, 다섯 명

三兄弟 [さんきょうだい: 상꾜-다이] 삼형제

三人 [さんにん: 산닝] 세 사람, 세 명

七人 [しちにん: 시찌닝] 일곱 사람, 일곱 명

次男 [じなん: 지낭] 차남, 둘째 아들

十一人 [じゅういちにん: 쥬-이찌닝] 열 한 사람,
　　열 한 명

しゅうと [슈-또] 시아버지, 장인

しゅうとめ [슈-또메] 시어머니, 장모

十人 [じゅうにん: 쥬-닝] 열 사람, 열 명

主人 [しゅじん: 슈징] 남편

シングル [싱구루] 싱글, 독신

末っ子 [すえっこ: 스엑꼬] 막내

祖父 [そふ: 소후] 조부, 할아버지

祖母 [そぼ: 소보] 조모, 할머니

父 [ちち: 치찌] 아버지, 아빠

長女 [ちょうじょ: 쵸-죠] 장녀, 큰딸

独身 [どくしん: 도꾸싱] 독신

何人 [なんにん: 난닝] 몇 명

～人 [にん: 닝] ～사람, ～명

八人 [はちにん: 하찌닝] 여덟 사람, 여덟 명

母 [はは: 하하] 어머니, 엄마

一人息子 [ひとりむすこ: 히또리무스꼬] 외동아들

一人娘 [ひとりむすめ: 히또리무스메] 외동딸

二人 [ふたり: 후따리] 두 사람, 두 명

ぼく [보꾸] 나

孫娘 [まごむすめ: 마고무스메] 손녀

むこ [무꼬] 신랑, 사위

息子 [むすこ: 무스꼬] 아들

息子さん(様) [むすこさん(さま): 무스꼬상(사마)]
　　아들

娘 [むすめ: 무스메] 딸

娘さん(様) [むすめさん(さま): 무스메상(사마)] 딸

四人 [よにん: 요닝] 네 사람, 네 명

よめ [요메] 신부, 며느리

四姉妹 [よんしまい: 욘시마이] 네 자매

両親 [りょうしん: 료-싱] 부모(님)

六人 [ろくにん: 로꾸닝] 여섯 사람, 여섯 명

11 | これは いくらですか。

間 [あいだ: 아이다] 중간, 사이

あそこ [아소꼬] 저기, 저곳

アパート [아빠-또] 아파트

あります [아리마스] (사물 등이) 있습니다

ありません [아리마셍] (사물 등이) 없습니다

います [이마스] (사람이나 동물 등이) 있습니다

いますか [이마스까] (사람이나 동물 등이)
　　있습니까?

いません [이마셍] (사람이나 동물 등이) 없습니다

上 [うえ: 우에] 위

後ろ [うしろ: 우시로] 뒤

運転免許 [うんてんめんきょ: 운뗀멩꾜] 운전면허

お金 [おかね: 오까네] 돈

お手洗い [おてあらい: 오떼아라이] 화장실

カフェー [카훼-] 카페

クリーニング屋 [クリーニングや: 쿠리-닝구야]
　　세탁소

交番 [こうばん: 코-방] 파출소

サウナ [사우나] 사우나

時間 [じかん: 지깡] 시간

下 [した: 시따] 아래

住民センター [じゅうみんセンター: 쥬-민센따-]
　　주민센터

消防署 [しょうぼうしょ: 쇼-보-쇼] 소방서

そこ [소꼬] 거기, 그곳

そと [소또] 밖

そば [소바] 옆

ソファー [소화-] 소파

タクシー乗り場 [タクシーのりば: 타꾸시-노리바]
　　택시 승차장

近く [ちかく: 치까꾸] 근처, 가까이

駐車場 [ちゅうしゃじょう: 츄-샤쬬-] 주차장

テーブル [테-부루] 테이블

隣 [となり: 토나리] 옆, 이웃

悩み [なやみ: 나야미] 고민

～に [니] ~에

左 [ひだり: 히다리] 왼쪽

左側 [ひだりがわ: 히다리가와] 좌측

部屋 [へや: 헤야] 방

ホテル [호떼루] 호텔

前 [まえ: 마에] 앞

周り [まわり: 마와리] 주위

マンション [만숑] 맨션

右 [みぎ: 미기] 오른쪽

右側 [みぎがわ: 미기가와] 우측

向かい [むかい: 무까이] 맞은편

幼稚園 [ようちえん: 요-찌엥] 유치원

横 [よこ: 요꼬] 옆

12 | 毎朝 朝ご飯を 食べますか。

会う [あう: 아우] 만나다

朝ご飯 [あさごはん: 아사고항] 아침밥, 아침 식사

遊ぶ [あそぶ: 아소부] 놀다

浴びる [あびる: 아비루] 뒤집어쓰다

洗う [あらう: 아라우] 씻다

ある [아루] 있다

行く [いく: 이꾸] 가다

いっしょに [잇쇼니] 함께, 같이

いる [이루] (사람이나 동물 등이) 있다

インターネット [인따-넷또] 인터넷

歌う [うたう: 우따우] 노래를 부르다

運動する [うんどうする: 운도-스루] 운동하다

起きる [おきる: 오끼루] 일어나다

お酒 [おさけ: 오사께] 술

お茶 [おちゃ: 오챠] (녹)차

泳ぐ [およぐ: 오요구] 헤엄치다

お風呂に入る [おふろにはいる: 오후로니하이루]
　　음악을 듣다

買い物に行く [かいものにいく: 카이모노니이꾸]
　　장보러 가다, 쇼핑을 가다

帰る [かえる: 카에루] 돌아가(오)다

顔 [かお: 카오] 얼굴

書く [かく: 카꾸] 쓰다

聞く [きく: 키꾸] 듣다

薬を飲む [くすりをのむ: 쿠스리오 노무] 약을 먹다

来る [くる: 쿠루] 오다

今朝 [けさ: 케사] 오늘 아침

欠席する [けっせきする: 켓세끼스루] 결석하다

ご飯を食べる [ごはんをたべる: 고항오타베루]
　　밥을 먹다

散歩する [さんぽする: 삼뽀스루] 산책하다

死ぬ [しぬ: 시누] 죽다

シャワー [샤와-] 샤워

知る [しる: 시루] 알다

信じる [しんじる: 신지루] 믿다

新聞 [しんぶん: 심붕] 신문

する [스루] 하다

掃除 [そうじ: 소-지] 청소

タバコを吸う [タバコをすう: 타바꼬오스우]
　　담배를 피우다

~だけ [다께] ~만

食べる [たべる: 타베루] 먹다

作る [つくる: 츠꾸루] 만들다

デート [데-또] 데이트

手紙 [てがみ: 테가미] 편지

テレビ [테레비] 텔레비전, TV

とき [토끼] 때

ニュース [뉴-스] 뉴스

寝る [ねる: 네루] 자다

飲む [のむ: 노무] 마시다

乗る [のる: 노루] 타다

歯 [は: 하] 이, 치아

入る [はいる: 하이루] 들어가다

走る [はしる: 하시루] 달리다

話す [はなす: 하나스] 이야기하다

久しぶり [ひさしぶり: 히사시부리] 오랫만

降る [ふる: 후루] (눈, 비가) 내리다

毎朝 [まいあさ: 마이아사] 매일 아침

毎日 [まいにち: 마이니찌] 매일

~ますか [마스까] ~(합)니까?

~ません [마셍] ~(하)지 않습니다

~ませんでしたか [마센데시따까]
　　~(하)지 않았습니까?

~ました [마시따] ~했습니다

待つ [まつ: 마쯔] 기다리다

磨く [みがく: 미가꾸] 닦다

見る [みる: 미루] 보다

メールを送る [メールをおくる: 메루오오꾸루]
메일을 보내다

読む [よむ: 요무] 읽다

ゆうべ [유-베] 어젯밤

ラジオ [라지오] 라디오

旅行に行く [りょこうにいく: 료꼬-니이꾸]
여행을 가다

13 | ちょっと お茶でも しませんか。

歩く [あるく: 아루꾸] 걷다

歌を歌いましょう [うたをうたいましょう:
우따오 우따이마쇼-] 노래를 부릅시다

演劇を見ましょう [えんげきを みましょう:
엥게끼오 미마쇼-] 연극을 봅시다

おいしく [오이시꾸] 맛있게

遅く [おそく: 오소꾸] 늦게

お茶でもしましょう [おちゃでもしましょう:
오챠데모시마쇼-] 차라도 합시다(차라도 마십시다)

乾杯する [かんぱいする: 캄빠이스루] 건배하다

結婚しましょう [けっこんしましょう: 켁꼰시
마쇼-] 결혼합시다

静かに [しずかに: 시즈까니] 조용히

食事 [しょくじ: 쇼꾸지] 식사

少し [すこし: 스꼬시] 조금

そうする [소-스루] 그렇게 하다

ダイエットしましょう [다이엣또시마쇼-]
다이어트합시다

楽しく [たのしく: 타노시꾸] 즐겁게

ちょっと [촛또] 잠시, 잠깐

~で [데] ~에서(장소)

~でも [데모] ~라도

どうですか [도-데스까] 어떻습니까?

ドライブしましょう [도라이부시마쇼-]
드라이브합시다

撮る [とる: 토루] 사진을 찍다

~に [니] ~에(시점)

~にする [니스루] ~(으)로 하다

早く [はやく: 하야꾸] 빨리

まじめに [마지메니] 성실하게

~ましょう [마쇼-] ~합시다

~ましょうか [마쇼-까] ~할까요?

~ませんか [마셍까] ~(하)지 않겠습니까?

休む [やすむ: 야스무] 쉬다

連絡しましょう [れんらくしましょう: 렌라꾸
시마쇼-] 연락합시다

笑いましょう [わらいましょう: 와라이마쇼-]
웃읍시다

생각보다 쉬운
여행 일본어

1 　にゅうこくもくてき　りょこう
入国目的は **旅行**です。　입국 목적은 여행입니다.

뉴- 꼬꾸모꾸떼끼 와　료 꼬- 데 스

▶ かんこう
観光 [캉꼬-] 관광

▶ しんせきほうもん
親戚訪問 [신세끼호-몽] 친척 방문

▶ りゅうがく
留学 [류-가꾸] 유학

▶ **ビジネス** [비지네스] 비즈니스

▶ けんしゅう
研修 [켄슈-] 연수

▶ **セミナー** [세미나-] 세미나

▶ こうりゅうかい
交流会 [코-류-까이] 교류회

2 　とうじょうぐち
搭乗口は どこですか。　탑승구는 어디입니까?

토- 죠- 구찌 와　도 꼬 데 스 까

▶ **ゲート** [게-또] 게이트

▶ てい
バス停 [바스테이] 버스정류장

▶ きっぷ う ば
切符売り場 [킵뿌우리바] 우표 매장

▶ **インフォメーションセンター** [임포메-숀센따-] 안내 센터

▶ の ば
タクシー乗り場 [타꾸시-노리바] 택시정류장

▶ りょうがえしょ
両替所 [료-가에쇼] 환전소

▶ めんぜいてん
免税店 [멘제-뗑] 면세점

3 　にゅうじょうりょう
入場料は いくらですか。　입장료는 얼마입니까?

뉴- 죠- 료 와　이 꾸 라 데 스 까

▶ いっぱく
一泊 [임빠꾸] 1박

▶ に はく
二泊 [니하꾸] 2박

▶ さんぱく
三泊 [삼빠꾸] 3박

▶ **シングルルーム** [싱구루루-무] 싱글룸

▶ **ダブルルーム** [다부루루-무] 더블룸

▶ **ツインルーム** [츠인루-무] 트윈룸

▶ ちょうしょく つ
朝食付き [쵸-쇼꾸쯔끼] 아침식사 포함

4 領収書 ください。 영수증 주세요.
りょうしゅうしょ
료- 슈- 쇼 쿠 다 사 이

- ▶ おつり [오쯔리] 잔돈
- ▶ お箸 [오하시] 젓가락
  はし
- ▶ ナプキン [나쁘낑] 냅킨
- ▶ 取り皿 [토리자라] 음식을 덜어 담는 작은 접시
  と ざら

- ▶ おしぼり [오시보리] 물수건
- ▶ メニュー [메뉴-] 메뉴
- ▶ 灰皿 [하이자라] 재떨이
  はいざら

5 お勘定 お願いします。 계산 부탁합니다.
かんじょう ねが
오 깐죠- 오 네가이 시 마 스

- ▶ カードで [카-도데] 카드로
- ▶ 返品 [헴삥] 반품
  へんぴん
- ▶ 取り消し [토리께시] 취소
  と け
- ▶ 予約 [요야꾸] 예약
  よやく

- ▶ 確認 [카꾸닝] 확인
  かくにん
- ▶ 両替 [료-가에] 환전
  りょうがえ
- ▶ もう一つ [모-히또쯔] 하나 더
  ひと
- ▶ 包装 [호-소-] 포장
  ほうそう

6 韓国語の メニューは ありますか。 한국어 메뉴는 있습니까?
かんこく ご
캉 꼬꾸고 노 메 뉴 - 와 아 리 마 스 까

- ▶ ツアーバス [츠아-바스] 투어 버스
- ▶ 韓国語の パンフレット [캉꼬꾸고노 팜후렛또] 한국어 팸플릿
  かんこく ご
- ▶ もっと 大きい サイズ [못또 오-키- 사이즈] 좀 더 큰 사이즈
  おお
- ▶ 無料Wi-Fi [무료-와이화이] 무료 와이파이
  む りょうワイ ファイ
- ▶ 露天風呂 [로뗌부로] 노천 온천
  ろ てん ぶ ろ
- ▶ 最新型の モデル [사이싱가따노 모데루] 최신형 모델
  さいしんがた
- ▶ お勧めのコース [오스스메노 코-스] 추천 코스
  すす

7 **頭が 痛いです。** 머리가 아픕니다.

あたま いた

아따마가 이따 이 데 스

▶ **目** [메] 눈 め
▶ **手** [테] 손 て

▶ **鼻** [하나] 코 はな
▶ **肩** [카따] 어깨 かた

▶ **喉** [노도] 목 のど
▶ **お腹** [오나까] 배 なか

▶ **足** [아시] 다리 あし

8 **この 近くに 有名な お寺は ありますか。**

ちか ゆうめい てら

코 노   치까꾸 니   유–메–나   오 떼라 와   아 리 마 스 까

이 근처에 유명한 절은 있습니까?

▶ **バスターミナル** [바스타–미나루] 버스터미널

▶ **交番** [코–방] 파출소 こうばん

▶ **１００円ショップ** [햐꾸엔숍뿌] 100엔숍 ひゃく えん

▶ **病院** [보–잉] 병원 びょういん

▶ **静かな公園** [시즈까나 코–엥] 조용한 공원 しず こうえん

▶ **大使館** [타이시깡] 대사관 たい し かん

▶ **おいしい店** [오이시– 미세] 맛있는 가게 みせ

9 　しんじゅく　ゆ
　　新宿行きの バスは どこで 乗りますか。
　　신 쥬꾸유 끼 노　바 스 와　도 꼬데　노 리 마 스 까
　　신주쿠행 버스는 어디에서 탑니까?

▶ きっぷ
　切符は どこで 買いますか [킵뿌와 도꼬데 카이마스까] 표는 어디에서 삽니까?

▶ せいさん
　清算は どこで しますか [세–상와 도꼬데 시마스까] 정산은 어디에서 합니까?

▶ なんじ　　とうちゃく
　何時に 到着しますか [난지니 토–챠꾸시마스까] 몇 시에 도착합니까?

▶ なんじ　　しゅっぱつ
　何時に 出発しますか [난지니 슙빠쯔시마스까] 몇 시에 출발합니까?

▶ なんじかん
　何時間 かかりますか [난지깡 카까리마스까] 몇 시간 걸립니까?

▶ かんこくご
　韓国語が できますか [캉꼬꾸고가 데끼마스까] 한국어를 할 수 있습니까?

10 　パスポートを なくしました。　여권을 잃어버렸습니다.
　　파 스 뽀 – 또 오　나 꾸 시 마 시 따

▶ みち　　まよ
　道を 迷いました [미찌오 마요이마시따] 길을 헤맸습니다

▶ さいふ
　財布を なくしました [사이후오 나꾸시마시따] 지갑을 잃어버렸습니다

▶ こうくうけん　　わす
　航空券を 忘れました [코–꾸–껭오 와스레마시따] 항공권을 놓고 왔습니다

▶ ぬす
　かばんを 盗まれました [카방오 누스마레마시따] 가방을 도난 당했습니다

▶ なか　　こわ
　お腹を 壊しました [오나까오 코와시마시따] 배탈이 났습니다

▶ よやく　　かくにん
　予約を 確認しました [요야꾸오 카꾸닌시마시따] 예약을 확인했습니다

▶ よやく
　予約を キャンセルしました [요야꾸오 캰세루시마시따] 예약을 취소했습니다

● PC에서 다락원 홈페이지 이용하기

컴퓨터에서 익스플로러, 크롬, 파이어폭스 같은 인터넷 프로그램을 켜고 다락원 홈페이지에 접속하세요.
내려받은 음성파일은 컴퓨터나 MP3 플레이어에서 들으시면 됩니다.

❶ 인터넷 주소창에 **darakwon.co.kr**을 입력하고 엔터를 누르세요.

❷ 화면 위쪽 가운데 검색창 옆에 있는 회원가입을 눌러 가입한 뒤,
아이디와 비밀번호를 넣어 로그인하세요. 회원가입은 무료입니다.

❸ 검색창에 **청춘 일본어**를 입력하고 검색 버튼을 누르세요.

❹ [도서] **NEW 처음 시작하는 청춘 일본어**를 찾아 누른 후 버튼을 누르세요.
[MP3] **NEW 처음 시작하는 청춘 일본어**를 찾아 들어가셔도 됩니다.

❺ 오른쪽에 다운로드 폴더를 선택한 뒤 버튼을 누르면 파일을 받을 수 있습니다.

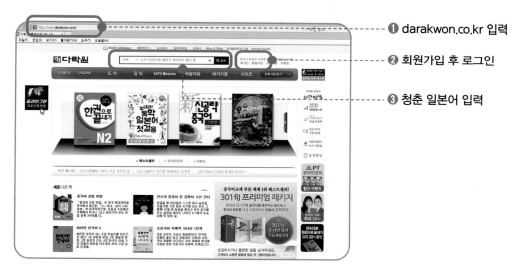

❶ darakwon.co.kr 입력

❷ 회원가입 후 로그인

❸ 청춘 일본어 입력

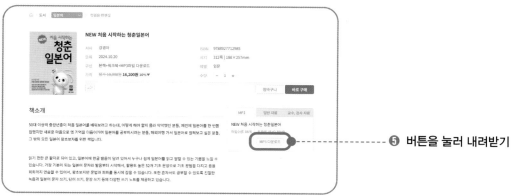

❺ 버튼을 눌러 내려받기

● 스마트폰에서 QR코드 찍어 이용하기

QR코드를 스캔하면 MP3 듣기 페이지로 바로 이동합니다. 회원이 아니어도, 로그인하지 않아도 MP3를 바로 들을 수 있습니다.

❶ **앱스토어** 나 **플레이스토어** 에 들어가세요.

❷ 'QR 코드'를 검색해서 **QR코드 리더** 나
무료 QR 코드 스캐너 등의 앱을 내려받으세요.

❸ 받은 앱을 실행하세요.

❹ 카메라 화면을 QR코드에 갖다 대면 강의 MP3 듣기 페이지로
바로 이동합니다. 아이폰이라면 6S 이상 기기에서는 네이버나
다음 앱을 꾸욱 누르면(3D 터치) QR코드 검색을 바로 이용할 수 있습니다.

❺ QR코드를 사용하기 어려우면 스마트폰에서 인터넷을 켜고 네이버나 다음 등의
포털 사이트 검색창에 **darakwon.co.kr**를 입력해서 들어가세요.
'다락원'을 입력해서 찾아 들어가셔도 됩니다.

여기에 카메라를 갖다 대세요.

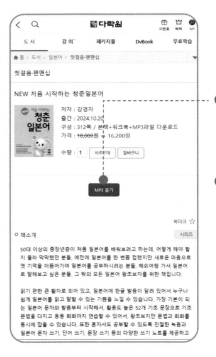

❹ QR 코드를 찍으면 곧바로 MP3 듣기 페이지로 이동

❺ 인터넷을 켜고 다락원 홈페이지로 이동해서 '청춘 일본어' 입력

NEW

처음 시작하는
청춘
일본어

강경자 지음

어렵지
않아요!

히라가나 가타카나
쓰기노트

다락원

처음 시작하는
청춘
일본어

강경자 지음

히라가나 가타카나
쓰기노트

어렵지 않아요!

다락원

가나 오십음도

히라가나 ひらがな

단 \ 행	あ행	か행	さ행	た행	な행
あ단	あ [a]	か [ka]	さ [sa]	た [ta]	な [na]
い단	い [i]	き [ki]	し [shi]	ち [chi]	に [ni]
う단	う [u]	く [ku]	す [su]	つ [tsu]	ぬ [nu]
え단	え [e]	け [ke]	せ [se]	て [te]	ね [ne]
お단	お [o]	こ [ko]	そ [so]	と [to]	の [no]

가타카나 カタカナ

단 \ 행	ア행	カ행	サ행	タ행	ナ행
ア단	ア [a]	カ [ka]	サ [sa]	タ [ta]	ナ [na]
イ단	イ [i]	キ [ki]	シ [shi]	チ [chi]	ニ [ni]
ウ단	ウ [u]	ク [ku]	ス [su]	ツ [tsu]	ヌ [nu]
エ단	エ [e]	ケ [ke]	セ [se]	テ [te]	ネ [ne]
オ단	オ [o]	コ [ko]	ソ [so]	ト [to]	ノ [no]

は행	ま행	や행	ら행	わ행	
は [ha]	ま [ma]	や [ya]	ら [ra]	わ [wa]	
ひ [hi]	み [mi]		り [ri]		
ふ [hu]	む [mu]	ゆ [yu]	る [ru]		
へ [he]	め [me]		れ [re]		
ほ [ho]	も [mo]	よ [yo]	ろ [ro]	を [o]	ん [n]

ハ행	マ행	ヤ행	ラ행	ワ행	
ハ [ha]	マ [ma]	ヤ [ya]	ラ [ra]	ワ [wa]	
ヒ [hi]	ミ [mi]		リ [ri]		
フ [hu]	ム [mu]	ユ [yu]	ル [ru]		
ヘ [he]	メ [me]		レ [re]		
ホ [ho]	モ [mo]	ヨ [yo]	ロ [ro]	ヲ [o]	ン [n]

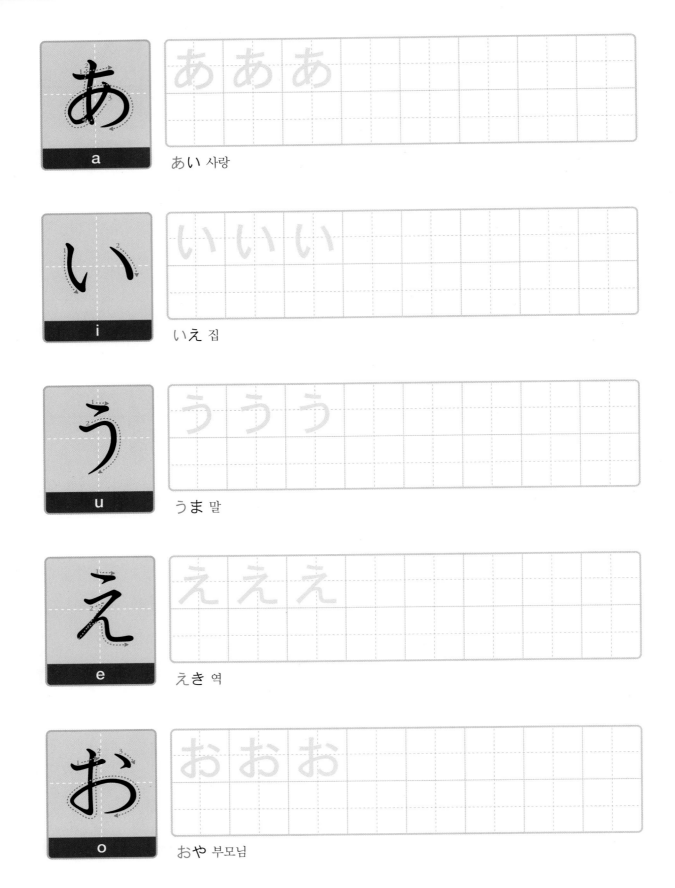

あ a
あい 사랑

い i
いえ 집

う u
うま 말

え e
えき 역

お o
おや 부모님

ア a

アイス 아이스, 얼음

イ i

イタリア 이탈리아

ウ u

ウイスキー 위스키

エ e

エース 에이스

オ o

ラジオ 라디오

か ka

かお 얼굴

き ki

きかい 기계

く ku

きく 국화

け ke

いけ 연못

こ ko

こい 잉어

ka

カメラ 카메라

ki

スキー 스키

ku

クイズ 퀴즈

ke

ケーキ 케이크

ko

コーラ 콜라

さ **sa**　　さけ 술

し **shi**　　しか 사슴

す **su**　　すし 초밥

せ **se**　　せかい 세계

そ **so**　　そら 하늘

サ sa

サラダ 샐러드

シ shi

シスター 시스터, 자매

ス su

スポーツ 스포츠

セ se

セット 세트

ソ so

ソース 소스

た　ta
たたた
たかい 비싸다

ち　chi
ちちち
ちち 아버지

つ　tsu
つつつ
つり 낚시

て　te
ててて
て 손

と　to
ととと
とり 새

ta

タ タ タ

タオル 타올, 수건

chi

チ チ チ

チーズ 치즈

tsu

ツ ツ ツ

ツアー 투어, 여행

te

テ テ テ

テレビ 텔레비전

to

ト ト ト

トイレ 화장실

な	ななな
na	なつ 여름

に	ににに
ni	にく 고기

ぬ	ぬぬぬ
nu	いぬ 개

ね	ねねね
ne	ねこ 고양이

の	ののの
no	のり 김

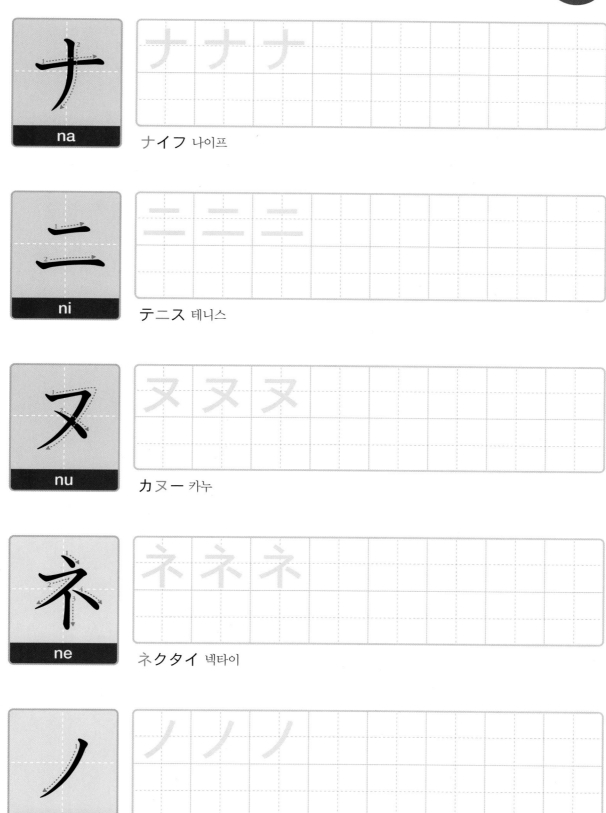

ナ
na

ナイフ 나이프

ニ
ni

テニス 테니스

ヌ
nu

カヌー 카누

ネ
ne

ネクタイ 넥타이

ノ
no

ノート 노트, 공책

は ha   はと 비둘기

ひ hi   ひと 사람

ふ hu   ふね 배

へ he   へそ 배꼽

ほ ho   ほし 별

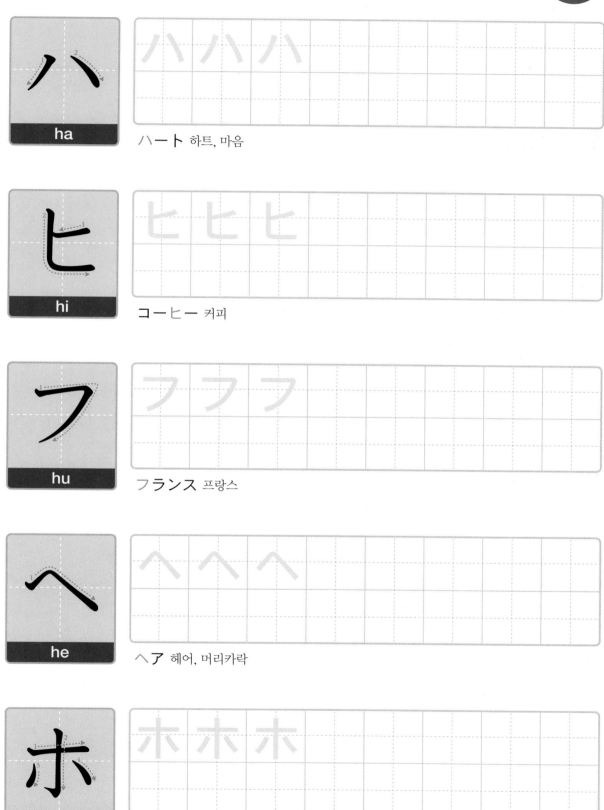

ハ **ha**

ハート 하트, 마음

ヒ **hi**

コーヒー 커피

フ **hu**

フランス 프랑스

ヘ **he**

ヘア 헤어, 머리카락

ホ **ho**

ホテル 호텔

ま ma
まめ 콩

み mi
みみ 귀

む mu
むすこ 아들

め me
あめ 비

も mo
もち 떡

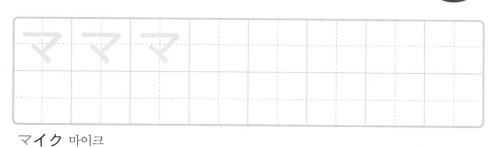

マイク 마이크

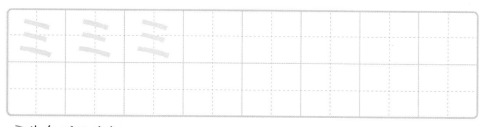

ミルク 밀크, 우유

ゲーム 게임

メモ 메모

モデル 메모

やま 산

ゆき 눈

よる 저녁, 밤

ダイヤ 다이아몬드

ユーザー 유저

ヨット 요트

ら ra
らら ら

さら 접시

り ri
りり り

りす 다람쥐

る ru
るる る

くるま 자동차

れ re
れれ れ

はれ 날씨가 갬

ろ ro
ろろ ろ

こころ 마음

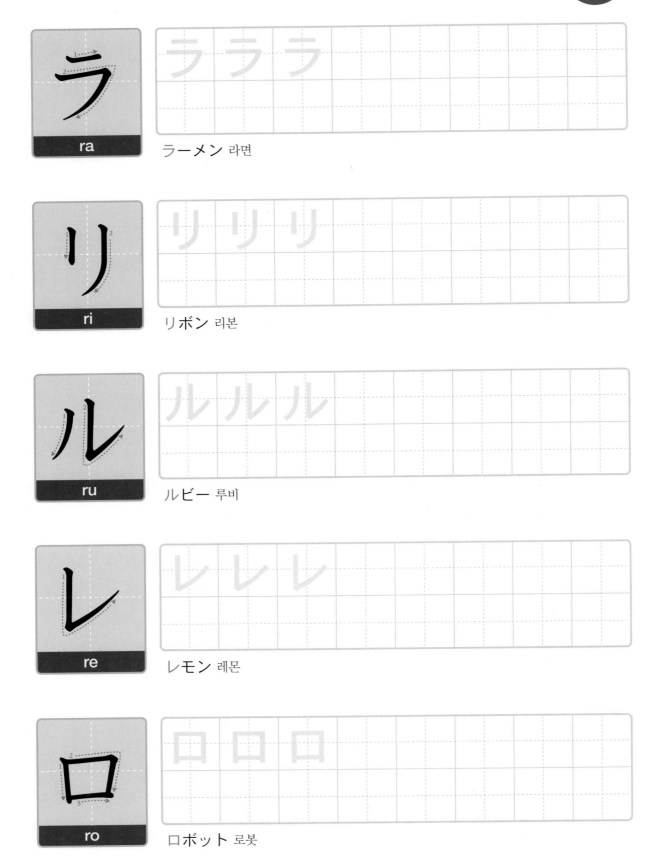

ラ ラ ラ ラ
ra
ラーメン 라면

リ リ リ リ
ri
リボン 리본

ル ル ル
ru
ルビー 루비

レ レ レ
re
レモン 레몬

ロ ロ ロ
ro
ロボット 로봇

わ wa

わたし 나, 저

を o

～を ～을(를)

ん n

ほん 책

ワ wa

ワイン 와인

ヲ o

ン n

スマートフォン 스마트폰

が ga

かがが

かがみ 거울

ぎ gi

ぎぎぎ

かぎ 열쇠

ぐ gu

ぐぐぐ

えのぐ 그림물감

げ ge

げげげ

ひげ 수염

ご go

ごごご

たまご 달걀

ガ ga

ガソリン 가솔린, 휘발유

ギ gi

ギター 기타

グ gu

グラス 글라스, 유리잔

ゲ ge

ゲーム 게임

ゴ go

ゴルフ 골프

ざ za   ひざ 무릎

じ ji   にじ 무지개

ず zu   みず 물

ぜ ze   かぜ 바람

ぞ zo   かぞく 가족

ザ za

デザイン 디자인

ジ ji

オレンジ 오렌지

ズ zu

チーズ 치즈

ゼ ze

ゼミ 세미나

ゾ zo

ゾーン 지역, 범위

だ **da**

だいがく 대학교

ぢ **ji**

はなぢ 코피

づ **zu**

こづつみ 소포

で **de**

はでだ 화려하다

ど **do**

まど 창문

ダ
da
ダ ダ ダ

ダイビング 다이빙

ヂ
ji
ヂ ヂ ヂ

ヅ
zu
ヅ ヅ ヅ

デ
de
デ デ デ

デート 데이트

ド
do
ド ド ド

ドイツ 독일

ば ba
そば 옆

び bi
えび 새우

ぶ bu
ぶた 돼지

べ be
べんとう 도시락

ぼ bo
おぼん 쟁반

バ ba

バ バ バ

バランス 밸런스, 균형

ビ bi

ビ ビ ビ

ビタミン 비타민

ブ bu

ブ ブ ブ

ブック 북, 책

ベ be

ベ ベ ベ

ベーコン 베이컨

ボ bo

ボ ボ ボ

ボート 보트

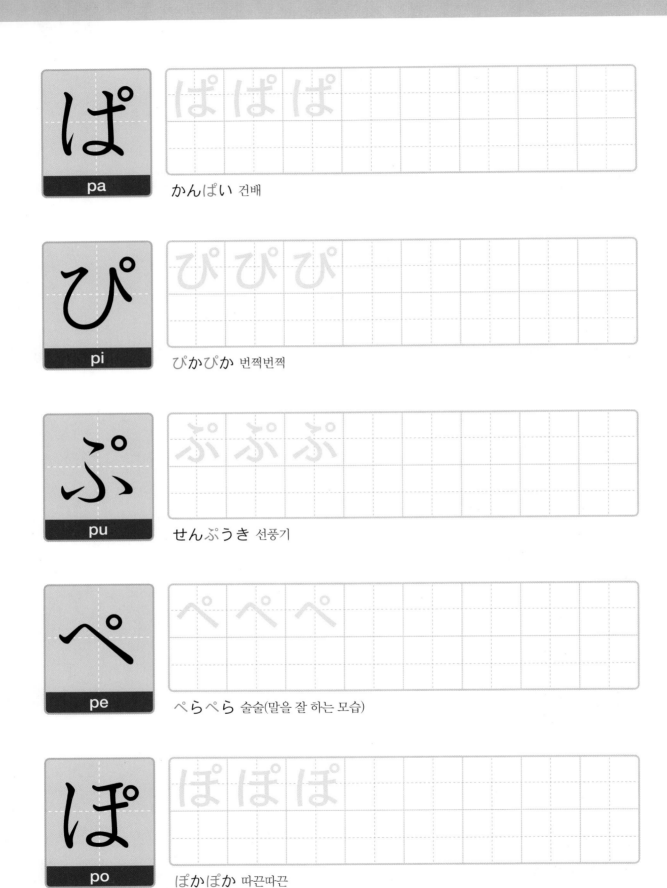

ぱ pa

ぱぱぱ

かんぱい 건배

ぴ pi

ぴ ぴ ぴ

ぴかぴか 번쩍번쩍

ぷ pu

ぷ ぷ ぷ

せんぷうき 선풍기

ぺ pe

ぺ ぺ ぺ

ぺらぺら 술술(말을 잘 하는 모습)

ぽ po

ぽぽぽ

ぽかぽか 따끈따끈

パ pa

パパ 아빠

ピ pi

ピザ 피자

プ pu

プロ 프로

ペ pe

ペア 한 쌍

ポ po

ポスト 우체통

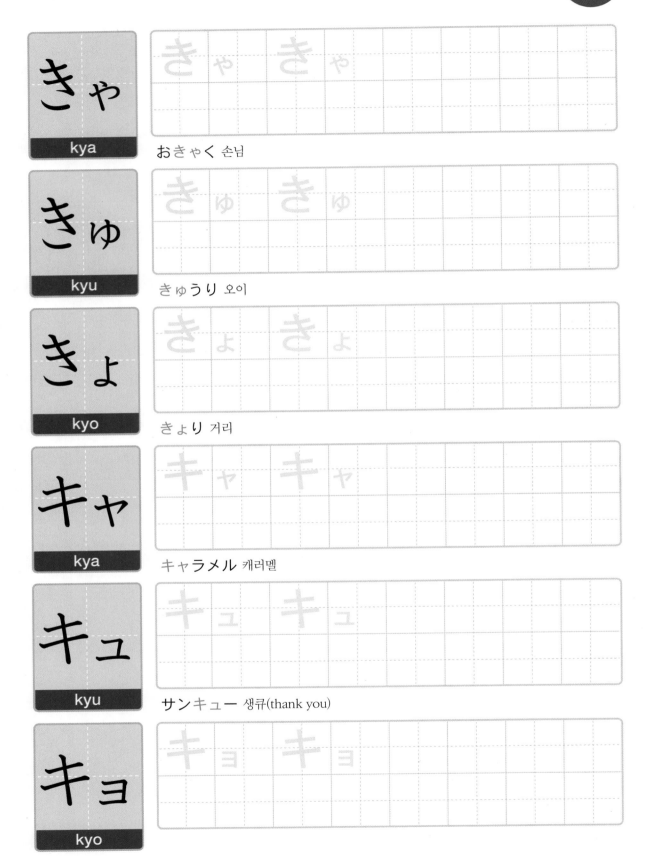

きゃ kya

おきゃく 손님

きゅ kyu

きゅうり 오이

きょ kyo

きょり 거리

キャ kya

キャラメル 캐러멜

キュ kyu

サンキュー 생큐(thank you)

キョ kyo

ぎゃ gya

ぎゃく 반대, 거꾸로임

ぎゅ gyu

ぎゅうにく 소고기

ぎょ gyo

きんぎょ 금붕어

ギャ gya

ギャンブル 도박

ギュ gyu

フィギュアスケート 피겨스케이트

ギョ gyo

ギョーザ 중국식 만두

しゃ
sha

しゃしん 사진

しゅ
shu

しゅみ 취미

しょ
sho

しょるい 종류

シャ
sha

シャワー 샤워

シュ
shu

シュークリーム 슈크림

ショ
sho

ショッピング 쇼핑

じゃ	
ja	じゃ じゃ

じんじゃ 신사

じゅ	
ju	じゅ じゅ

じゅうみん 주민

じょ	
jo	じょ じょ

たんじょ 단점

ジャ	
ja	ジャ ジャ

ジャズ 재즈

ジュ	
ju	ジュ ジュ

ジュース 주스

ジョ	
jo	ジョ ジョ

ジョギング 조깅

ちゃ
cha

おちゃ (녹)차

ちゅ
chu

ちゅうしゃ 주차

ちょ
cho

ちょきん 저금

チャ
cha

チャーハン 볶음밥

チュ
chu

チューインガム 츄잉껌

チョ
cho

チョコレート 초콜릿

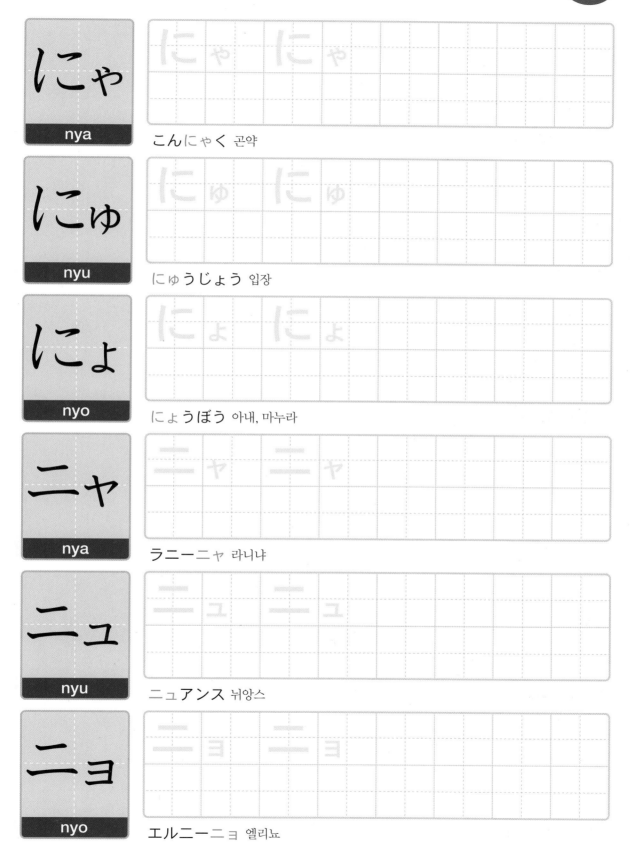

にゃ nya
こんにゃく 곤약

にゅ nyu
にゅうじょう 입장

にょ nyo
にょうぼう 아내, 마누라

ニャ nya
ラニーニャ 라니냐

ニュ nyu
ニュアンス 뉘앙스

ニョ nyo
エルニーニョ 엘리뇨

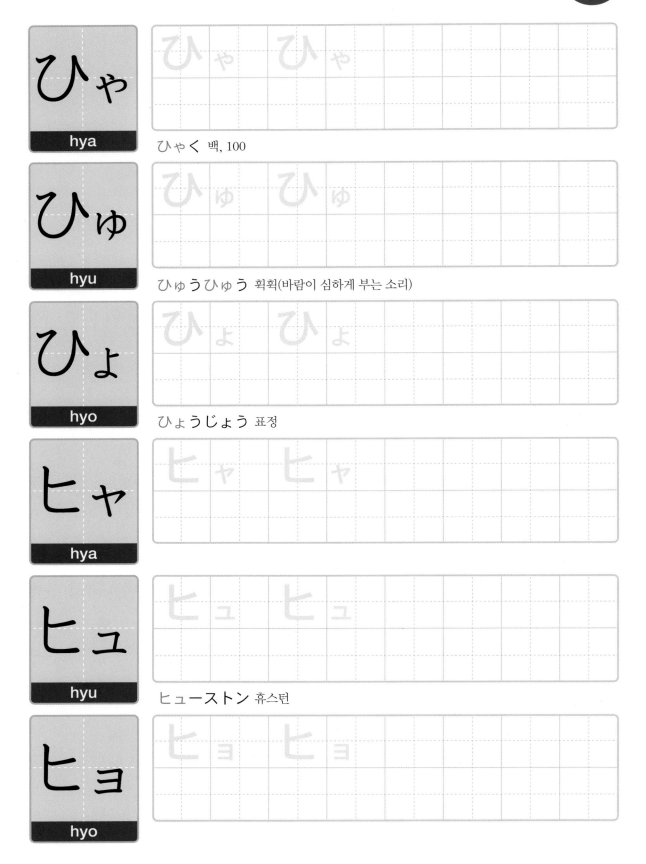

| ひゃ hya | ひゃ ひゃ |
| ヒゃ hya | ひゃ ひゃ |

ひゃく 백, 100

| ひゅ hyu | ひゅ ひゅ |

ひゅうひゅう 휙휙(바람이 심하게 부는 소리)

| ひょ hyo | ひょ ひょ |

ひょうじょう 표정

| ヒャ hya | ヒャ ヒャ |

| ヒュ hyu | ヒュ ヒュ |

ヒューストン 휴스턴

| ヒョ hyo | ヒョ ヒョ |

びゃ bya
さんびゃく 삼백, 300

びゅ byu
びゅうびゅう 휙휙(바람을 가르고 움직일 때 나는 소리)

びょ byo
びょういん 병원

ビャ bya

ビュ byu
ビューティー 뷰티, 아름다움

ビョ byo

ぴゃ pya

ぴゃ　ぴゃ

はっぴゃく　팔백, 800

ぴゅ pyu

ぴゅ　ぴゅ

ぴゅうぴゅう　쌩쌩(바람이 날카롭게 부는 모양)

ぴょ pyo

ぴょ　ぴょ

ぴょんぴょん　깡충깡충

ピャ pya

ピャ　ピャ

ピュ pyu

ピュ　ピュ

コンピュータ　컴퓨터

ピョ pyo

ピョ　ピョ

みゃ mya

みゃく 맥

みゅ myu

みょ myo

びみょう 미묘함

ミャ mya

ミャンマー 미얀마

ミュ myu

ミュージカル 뮤지컬

ミョ myo

りゃ rya	

しょうりゃく 생략

りゅ ryu	

りゅうがく 유학

りょ ryo	

りょうり 요리

リャ rya	

リュ ryu	

リュック(サック) 배낭

リョ ryo	

あ

お

い

り

え

ふ

し

も

た

な

は

ほ

ぬ

め

る

ろ

き

さ

ち

つ

う

ら

ね

れ

わ

| ア | | | | | | |
| マ | | | | | | |

| オ | | | | | | |
| ナ | | | | | | |

| シ | | | | | | |
| ツ | | | | | | |

| ソ | | | | | | |
| ン | | | | | | |

| チ | | | | | | |
| テ | | | | | | |

| ヤ | | | | | | |
| マ | | | | | | |

ウ

ク

タ

コ

ユ

ヨ

フ

ヌ

ス

フ

ワ

ヲ

뜻이 달라지는 단어

スパイ 스파이					

すっぱい 시다					

おと 소리					

おっと 남편					

せたい 세대, 가구					

せったい 접대					

まち 동네, 도시					

マッチ 성냥					

まくら 베개					

まっくら 깜깜함					

ねこ 고양이					

ねっこ 뿌리					

びょういん
병원

びょういん
미용실

きやく
규약

きゃく
손님

りゆう
이유

りゅう
용

ひよう
비용

ひょう
표

ちず
지도

チーズ
치즈

ビル
빌딩

ビール
맥주

처음 시작하는

청춘
일본어

강경자 지음

어렵지
않아요!

워크북
단어쓰기·문장쓰기

다락원

NEW 처음 시작하는

청춘
일본어

강경자 지음

어렵지
않아요!

워크북
단어쓰기·문장쓰기

📕 다락원

단어 쓰기

わたし **私** 나, 저	わたし 私 나, 저	わたし 私 나, 저	わたし 私 나, 저	わたし 私 나, 저
かれ **彼** 그	かれ 彼 그	かれ 彼 그	かれ 彼 그	かれ 彼 그
かの じょ **彼女** 그녀	かの じょ 彼女 그녀	かの じょ 彼女 그녀	かの じょ 彼女 그녀	かの じょ 彼女 그녀
しゅ ふ **主婦** 주부	しゅ ふ 主婦 주부	しゅ ふ 主婦 주부	しゅ ふ 主婦 주부	しゅ ふ 主婦 주부
い しゃ **医者** 의사	い しゃ 医者 의사	い しゃ 医者 의사	い しゃ 医者 의사	い しゃ 医者 의사
きょう し **教師** 교사	きょう し 教師 교사	きょう し 教師 교사	きょう し 教師 교사	きょう し 教師 교사
かい しゃ いん **会社員** 회사원	かい しゃ いん 会社員 회사원	かい しゃ いん 会社員 회사원	かい しゃ いん 会社員 회사원	かい しゃ いん 会社員 회사원
せん せい **先生** 선생님	せん せい 先生 선생님	せん せい 先生 선생님	せん せい 先生 선생님	せん せい 先生 선생님

がくせい 学生 학생	がくせい 学生 학생	がくせい 学生 학생	がくせい 学生 학생	がくせい 学生 학생
かしゅ 歌手 가수	かしゅ 歌手 가수	かしゅ 歌手 가수	かしゅ 歌手 가수	かしゅ 歌手 가수
うんてんしゅ 運転手 운전수	うんてんしゅ 運転手 운전수	うんてんしゅ 運転手 운전수	うんてんしゅ 運転手 운전수	うんてんしゅ 運転手 운전수
びようし 美容師 미용사	びようし 美容師 미용사	びようし 美容師 미용사	びようし 美容師 미용사	びようし 美容師 미용사
さっか 作家 작가	さっか 作家 작가	さっか 作家 작가	さっか 作家 작가	さっか 作家 작가
モデル 모델	モデル 모델	モデル 모델	モデル 모델	モデル 모델
ガイド 가이드	ガイド 가이드	ガイド 가이드	ガイド 가이드	ガイド 가이드
デザイナー 디자이너	デザイナー 디자이너	デザイナー 디자이너		

▶ **〜は 〜です**　~은(는) ~입니다

私_{わたし}は 主婦_{しゅふ}です。 저는 주부입니다.

私_{わたし}は 主婦_{しゅふ}です。 저는 주부입니다.

▶ **〜は 〜ですか**　~은(는) ~입니까?

彼_{かれ}は 医者_{いしゃ}ですか。 그는 의사입니까?

彼_{かれ}は 医者_{いしゃ}ですか。 그는 의사입니까?

▶ **はい、〜です**　네, ~입니다

はい、そうです。 네, 그렇습니다.

はい、そうです。 네, 그렇습니다.

▶ **いいえ、〜では ありません**　아니요, ~이(가) 아닙니다

いいえ、彼_{かれ}は 医者_{いしゃ}では ありません。 아니요, 그는 의사가 아닙니다.

いいえ、彼_{かれ}は 医者_{いしゃ}では ありません。 아뇨, 그는 의사가 아닙니다.

いいえ、彼_{かれ}は 医者_{いしゃ}では ありません。 아뇨, 그는 의사가 아닙니다.

▶ ～は ～です　～은(는) ～입니다

<ruby>私<rt>わたし</rt></ruby>は <ruby>主婦<rt>しゅふ</rt></ruby>です。	<ruby>私<rt>わたし</rt></ruby>は <ruby>主婦<rt>しゅふ</rt></ruby>です。
<ruby>私<rt>わたし</rt></ruby>は <ruby>主婦<rt>しゅふ</rt></ruby>です。	<ruby>私<rt>わたし</rt></ruby>は <ruby>主婦<rt>しゅふ</rt></ruby>です。

▶ ～は ～ですか　～은(는) ～입니까?

<ruby>彼<rt>かれ</rt></ruby>は <ruby>医者<rt>いしゃ</rt></ruby>ですか。	<ruby>彼<rt>かれ</rt></ruby>は <ruby>医者<rt>いしゃ</rt></ruby>ですか。
<ruby>彼<rt>かれ</rt></ruby>は <ruby>医者<rt>いしゃ</rt></ruby>ですか。	<ruby>彼<rt>かれ</rt></ruby>は <ruby>医者<rt>いしゃ</rt></ruby>ですか。

▶ はい、～です　네, ～입니다

はい、そうです。	はい、そうです。
はい、そうです。	はい、そうです。

▶ いいえ、～では ありません　아니요, ～이(가) 아닙니다

いいえ、<ruby>彼<rt>かれ</rt></ruby>は <ruby>医者<rt>いしゃ</rt></ruby>では ありません。

いいえ、<ruby>彼<rt>かれ</rt></ruby>は <ruby>医者<rt>いしゃ</rt></ruby>では ありません。

いいえ、<ruby>彼<rt>かれ</rt></ruby>は <ruby>医者<rt>いしゃ</rt></ruby>では ありません。

いいえ、<ruby>彼<rt>かれ</rt></ruby>は <ruby>医者<rt>いしゃ</rt></ruby>では ありません。

단어 쓰기

しゅみ **趣味** 취미	しゅ み 趣味 취미	しゅ み 趣味 취미	しゅ み 趣味 취미	しゅ み 趣味 취미
どく しょ **読書** 독서	どく しょ 読書 독서	どく しょ 読書 독서	どく しょ 読書 독서	どく しょ 読書 독서
りょう り **料理** 요리	りょう り 料理 요리	りょう り 料理 요리	りょう り 料理 요리	りょう り 料理 요리
さん ぽ **散歩** 산책	さん ぽ 散歩 산책	さん ぽ 散歩 산책	さん ぽ 散歩 산책	さん ぽ 散歩 산책
おん がく **音楽** 음악	おん がく 音楽 음악	おん がく 音楽 음악	おん がく 音楽 음악	おん がく 音楽 음악
しゃ しん **写真** 사진	しゃ しん 写真 사진	しゃ しん 写真 사진	しゃ しん 写真 사진	しゃ しん 写真 사진
やま のぼ **山登り** 등산	やま のぼ 山登り 등산	やま のぼ 山登り 등산	やま のぼ 山登り 등산	やま のぼ 山登り 등산
すい えい **水泳** 수영	すい えい 水泳 수영	すい えい 水泳 수영	すい えい 水泳 수영	すい えい 水泳 수영

や きゅう **野球** 야구	や きゅう 野球 야구	や きゅう 野球 야구	や きゅう 野球 야구	や きゅう 野球 야구
しゅ げい **手芸** 수예	しゅ げい 手芸 수예	しゅ げい 手芸 수예	しゅ げい 手芸 수예	しゅ げい 手芸 수예
しょ どう **書道** 서예	しょ どう 書道 서예	しょ どう 書道 서예	しょ どう 書道 서예	しょ どう 書道 서예
び じゅつ **美術** 미술	び じゅつ 美術 미술	び じゅつ 美術 미술	び じゅつ 美術 미술	び じゅつ 美術 미술
えい が **映画** 영화	えい が 映画 영화	えい が 映画 영화	えい が 映画 영화	えい が 映画 영화

サッカー 축구	サッカー 축구	サッカー 축구
ショッピング 쇼핑	ショッピング 쇼핑	ショッピング 쇼핑

ゲーム 게임	ゲーム 게임	ゲーム 게임	ゲーム 게임	ゲーム 게임

▶ ～は 何^{なん}ですか　～은(는) 무엇입니까?

趣味^{しゅみ}は 何^{なん}ですか。　　　　　　　　취미는 무엇입니까?

趣味^{しゅみ}は 何^{なん}ですか。　　　　　　　　취미는 무엇입니까?

▶ ～の　～의

田中^{たなか}さんの 趣味^{しゅみ}は ドライブです。　다나카씨의 취미는 드라이브입니다.

田中^{たなか}さんの 趣味^{しゅみ}は ドライブです。　다나카씨의 취미는 드라이브입니다.

▶ ～も　～도

先生^{せんせい}の 趣味^{しゅみ}も ドライブです。　선생님의 취미도 드라이브입니다.

先生^{せんせい}の 趣味^{しゅみ}も ドライブです。　선생님의 취미도 드라이브입니다.

▶ ～と　～와(과)

私^{わたし}の 趣味^{しゅみ}は ゴルフと 旅行^{りょこう}です。　제 취미는 골프와 여행입니다.

私^{わたし}の 趣味^{しゅみ}は ゴルフと 旅行^{りょこう}です。　제 취미는 골프와 여행입니다.

私^{わたし}の 趣味^{しゅみ}は ゴルフと 旅行^{りょこう}です。　제 취미는 골프와 여행입니다.

▶ ～は 何ですか　～은(는) 무엇입니까?

趣味は 何ですか。	趣味は 何ですか。
趣味は 何ですか。	趣味は 何ですか。

▶ ～の　～의

田中さんの 趣味は ドライブです。

田中さんの 趣味は ドライブです。

▶ ～も　～도

先生の 趣味も ドライブです。

先生の 趣味も ドライブです。

▶ ～と　～와(과)

私の 趣味は ゴルフと 旅行です。

私の 趣味は ゴルフと 旅行です。

私の 趣味は ゴルフと 旅行です。

私の 趣味は ゴルフと 旅行です。

단어 쓰기

ほん 本 책	ほん 本 책	ほん 本 책	ほん 本 책	ほん 本 책
と けい 時計 시계	と けい 時計 시계	と けい 時計 시계	と けい 時計 시계	と けい 時計 시계
さい ふ 財布 지갑	さい ふ 財布 지갑	さい ふ 財布 지갑	さい ふ 財布 지갑	さい ふ 財布 지갑
しん ぶん 新聞 신문	しん ぶん 新聞 신문	しん ぶん 新聞 신문	しん ぶん 新聞 신문	しん ぶん 新聞 신문
じ どう しゃ 自動車 자동차	じ どう しゃ 自動車 자동차	じ どう しゃ 自動車 자동차	じ どう しゃ 自動車 자동차	じ どう しゃ 自動車 자동차
えい ご 英語 영어	えい ご 英語 영어	えい ご 英語 영어	えい ご 英語 영어	えい ご 英語 영어
じ てん しゃ 自転車 차, 자전거	じ てん しゃ 自転車 차, 자전거	じ てん しゃ 自転車 차, 자전거	じ てん しゃ 自転車 차, 자전거	じ てん しゃ 自転車 차, 자전거
かん こく 韓国 한국	かん こく 韓国 한국	かん こく 韓国 한국	かん こく 韓国 한국	かん こく 韓国 한국

て ぶくろ **手袋** 장갑	て ぶくろ 手袋 장갑	て ぶくろ 手袋 장갑	て ぶくろ 手袋 장갑	て ぶくろ 手袋 장갑

ぼうし 모자	ぼうし 모자	ぼうし 모자	ぼうし 모자	ぼうし 모자

めがね 안경	めがね 안경	めがね 안경	めがね 안경	めがね 안경

かさ 우산	かさ 우산	かさ 우산	かさ 우산	かさ 우산

ゆびわ 반지	ゆびわ 반지	ゆびわ 반지	ゆびわ 반지	ゆびわ 반지

ネクタイ 넥타이	ネクタイ 넥타이	ネクタイ 넥타이

スカーフ 스카프	スカーフ 스카프	スカーフ 스카프

カード 카드	カード 카드	カード 카드	カード 카드	カード 카드

▸ **これは ～です**　이것은 ～입니다

これは 日本語(にほんご)の 本(ほん)です。　　　　　이것은 일본어 책입니다.

これは 日本語(にほんご)の 本(ほん)です。　　　　　이것은 일본어 책입니다.

▸ **それは ～です**　그것은 ～입니다

それは 車(くるま)の キーです。　　　　　그것은 자동차 키입니다.

それは 車(くるま)の キーです。　　　　　그것은 자동차 키입니다.

▸ **あれは ～です**　저것은 ～입니다

あれは 先生(せんせい)の スマホです。　　　저것은 선생님의 스마트폰입니다.

あれは 先生(せんせい)の スマホです。　　　저것은 선생님의 스마트폰입니다.

▸ **この ～は ～のです**　이 ～은(는) ～의 것입니다

この かばんは 私(わたし)のです。　　　　이 가방은 제 것입니다.

この かばんは 私(わたし)のです。　　　　이 가방은 제 것입니다.

この かばんは 私(わたし)のです。　　　　이 가방은 제 것입니다.

▶ これは ～です　이것은 ～입니다

これは 日本語の 本です。	これは 日本語の 本です。
これは 日本語の 本です。	これは 日本語の 本です。

▶ それは ～です　그것은 ～입니다

それは 車の キーです。	それは 車の キーです。
それは 車の キーです。	それは 車の キーです。

▶ あれは ～です　저것은 ～입니다

あれは 先生の スマホです。	あれは 先生の スマホです。
あれは 先生の スマホです。	あれは 先生の スマホです。

▶ この ～は ～のです　이 ～은(는) ～의 것입니다

この かばんは 私のです。

この かばんは 私のです。

この かばんは 私のです。

この かばんは 私のです。

단어 쓰기

びょういん 病院 병원	びょういん 病院 병원	びょういん 病院 병원	びょういん 病院 병원	びょういん 病院 병원
じかん 時間 시간	じかん 時間 시간	じかん 時間 시간	じかん 時間 시간	じかん 時間 시간
じゅぎょう 授業 수업	じゅぎょう 授業 수업	じゅぎょう 授業 수업	じゅぎょう 授業 수업	じゅぎょう 授業 수업
がっこう 学校 학교	がっこう 学校 학교	がっこう 学校 학교	がっこう 学校 학교	がっこう 学校 학교
じむしつ 事務室 사무실	じむしつ 事務室 사무실	じむしつ 事務室 사무실	じむしつ 事務室 사무실	じむしつ 事務室 사무실
いえ 家 집	いえ 家 집	いえ 家 집	いえ 家 집	いえ 家 집
としょかん 図書館 도서관	としょかん 図書館 도서관	としょかん 図書館 도서관	としょかん 図書館 도서관	としょかん 図書館 도서관
あさ 朝 아침	あさ 朝 아침	あさ 朝 아침	あさ 朝 아침	あさ 朝 아침

ひる 昼 낮	ひる 昼 낮	ひる 昼 낮	ひる 昼 낮	ひる 昼 낮
よる 夜 저녁	よる 夜 저녁	よる 夜 저녁	よる 夜 저녁	よる 夜 저녁
ほん や 本屋 서점, 책방	ほん や 本屋 서점, 책방	ほん や 本屋 서점, 책방	ほん や 本屋 서점, 책방	ほん や 本屋 서점, 책방
ゆう びん きょく 郵便局 우체국	ゆう びん きょく 郵便局 우체국	ゆう びん きょく 郵便局 우체국	ゆう びん きょく 郵便局 우체국	ゆう びん きょく 郵便局 우체국
ぎん こう 銀行 은행	ぎん こう 銀行 은행	ぎん こう 銀行 은행	ぎん こう 銀行 은행	ぎん こう 銀行 은행

レストラン 레스토랑	レストラン 레스토랑	レストラン 레스토랑
デパート 백화점	デパート 백화점	デパート 백화점
コンビニ 편의점	コンビニ 편의점	コンビニ 편의점

▶ 失礼ですが　실례합니다만, 실례지만

失礼ですが　실례합니다만, 실례지만

失礼ですが　실례합니다만, 실례지만

▶ ～は 何番ですか　～은(는) 몇 번입니까?

病院の 電話番号は 何番ですか。　병원 전화번호는 몇 번입니까?

病院の 電話番号は 何番ですか。　병원 전화번호는 몇 번입니까?

▶ ～から ～まで　～부터 ～까지

病院は 何時から 何時までですか。　병원은 몇 시부터 몇 시까지입니까?

病院は 何時から 何時までですか。　병원은 몇 시부터 몇 시까지입니까?

▶ 午前 / 午後　오전 / 오후

午前 9時から 午後 6時までです。　오전 9시부터 오후 여섯시까지입니다.

午前 9時から 午後 6時までです。　오전 9시부터 오후 여섯시까지입니다.

午前 9時から 午後 6時までです。　오전 9시부터 오후 여섯시까지입니다.

▶ 失礼ですが　実例합니다만, 실례지만

しつれい 失礼ですが	しつれい 失礼ですが	しつれい 失礼ですが
しつれい 失礼ですが	しつれい 失礼ですが	しつれい 失礼ですが

▶ 〜は 何番ですか　〜은(는) 몇 번입니까?

びょういん でんわ ばんごう なんばん
病院の 電話番号は 何番ですか。

びょういん でんわ ばんごう なんばん
病院の 電話番号は 何番ですか。

▶ 〜から 〜まで　〜부터 〜까지

びょういん なんじ なんじ
病院は 何時から 何時までですか。

びょういん なんじ なんじ
病院は 何時から 何時までですか。

▶ 午前 / 午後　오전 / 오후

ごぜん くじ ごご ろくじ
午前 9時から 午後 6時までです。

ごぜん くじ ごご ろくじ
午前 9時から 午後 6時までです。

ごぜん くじ ごご ろくじ
午前 9時から 午後 6時までです。

ごぜん くじ ごご ろくじ
午前 9時から 午後 6時までです。

단어 쓰기

ぜん ぶ **全部** 전부	ぜん ぶ 全部 전부	ぜん ぶ 全部 전부	ぜん ぶ 全部 전부	ぜん ぶ 全部 전부

しん しゃ **新車** 신차	しん しゃ 新車 신차	しん しゃ 新車 신차	しん しゃ 新車 신차	しん しゃ 新車 신차

ちゅう こ しゃ **中古車** 중고차	ちゅう こ しゃ 中古車 중고차	ちゅう こ しゃ 中古車 중고차	ちゅう こ しゃ 中古車 중고차	ちゅう こ しゃ 中古車 중고차

くつ した **靴下** 양말	くつ した 靴下 양말	くつ した 靴下 양말	くつ した 靴下 양말	くつ した 靴下 양말

した ぎ **下着** 속옷	した ぎ 下着 속옷	した ぎ 下着 속옷	した ぎ 下着 속옷	した ぎ 下着 속옷

シャツ 셔츠	シャツ 셔츠	シャツ 셔츠	シャツ 셔츠	シャツ 셔츠

コート 코트	コート 코트	コート 코트	コート 코트	コート 코트

ワンピース 원피스	ワンピース 원피스	ワンピース 원피스

チョコレート	チョコレート	チョコレート
초콜릿	초콜릿	초콜릿

チーズ	チーズ	チーズ	チーズ	チーズ
치즈	치즈	치즈	치즈	치즈

トマト	トマト	トマト	トマト	トマト
토마토	토마토	토마토	토마토	토마토

スパゲッティ	スパゲッティ	スパゲッティ
스파게티	스파게티	스파게티

ラーメン	ラーメン	ラーメン
라면	라면	라면

ケーキ	ケーキ	ケーキ	ケーキ	ケーキ
케이크	케이크	케이크	케이크	케이크

ビール	ビール	ビール	ビール	ビール
맥주	맥주	맥주	맥주	맥주

コーヒー	コーヒー	コーヒー
커피	커피	커피

▶ **〜は いくらですか**　　〜은(는) 얼마입니까?

これは いくらですか。　　이것은 얼마입니까?

これは いくらですか。　　이것은 얼마입니까?

▶ **〜は 〜円で 〜は 〜円です**　　〜은(는) 〜엔이고, 〜은(는) 〜엔입니다

これは ２０００円で、あれは ２５００円です。　　이것은 2000엔이고, 저것은 2500엔입니다

これは ２０００円で、あれは ２５００円です。　　이것은 2000엔이고, 저것은 2500엔입니다

▶ **〜ずつ ください**　　〜씩 주세요

これと あれ １つずつ ください。　　이것과 저것 하나씩 주세요.

これと あれ １つずつ ください。　　이것과 저것 하나씩 주세요.

▶ **全部で 〜です**　　전부해서 〜입니다

全部で ４５００円です。　　전부해서 4500엔입니다.

全部で ４５００円です。　　전부해서 4500엔입니다.

全部で ４５００円です。　　전부해서 4500엔입니다.

▶ **〜は いくらですか** 　〜은(는) 얼마입니까?

これは いくらですか。	これは いくらですか。
これは いくらですか。	これは いくらですか。

▶ **〜は 〜円で 〜は 〜円です** 　〜은(는) 〜엔이고, 〜은(는) 〜엔입니다

これは ２０００円で、あれは ２５００円です。

これは ２０００円で、あれは ２５００円です。

▶ **〜ずつ ください** 　〜씩 주세요

これと あれ １つずつ ください。

これと あれ １つずつ ください。

▶ **全部で 〜です** 　전부해서 〜입니다

全部で ４５００円です。

全部で ４５００円です。

全部で ４５００円です。

全部で ４５００円です。

단어 쓰기

お茶 (ちゃ) 차	お茶 (ちゃ) 차	お茶 (ちゃ) 차	お茶 (ちゃ) 차	お茶 (ちゃ) 차

住所 (じゅうしょ) 주소	住所 (じゅうしょ) 주소	住所 (じゅうしょ) 주소	住所 (じゅうしょ) 주소	住所 (じゅうしょ) 주소

引っ越し (ひ こ) 이사	引っ越し (ひ こ) 이사	引っ越し (ひ こ) 이사

試験 (し けん) 시험	試験 (し けん) 시험	試験 (し けん) 시험	試験 (し けん) 시험	試験 (し けん) 시험

結婚 (けっ こん) 결혼	結婚 (けっ こん) 결혼	結婚 (けっ こん) 결혼	結婚 (けっ こん) 결혼	結婚 (けっ こん) 결혼

記念日 (き ねん び) 기념일	記念日 (き ねん び) 기념일	記念日 (き ねん び) 기념일	記念日 (き ねん び) 기념일	記念日 (き ねん び) 기념일

来週 (らい しゅう) 다음 주	来週 (らい しゅう) 다음 주	来週 (らい しゅう) 다음 주	来週 (らい しゅう) 다음 주	来週 (らい しゅう) 다음 주

生年月日 (せい ねん がっ ぴ) 생년월일	生年月日 (せい ねん がっ ぴ) 생년월일	生年月日 (せい ねん がっ ぴ) 생년월일

きょう **今日** 오늘	きょう 今日 오늘	きょう 今日 오늘	きょう 今日 오늘	きょう 今日 오늘

あした **明日** 내일	あした 明日 내일	あした 明日 내일	あした 明日 내일	あした 明日 내일

なん がつ なん にち **何月何日** 몇 월 며칠	なん がつ なん にち 何月何日 몇 월 며칠	なん がつ なん にち 何月何日 몇 월 며칠

こ とし **今年** 올해	こ とし 今年 올해	こ とし 今年 올해	こ とし 今年 올해	こ とし 今年 올해

な まえ **名前** 이름	な まえ 名前 이름	な まえ 名前 이름	な まえ 名前 이름	な まえ 名前 이름

たんじょう び **誕生日** 생일	たんじょう び 誕生日 생일	たんじょう び 誕生日 생일	たんじょう び 誕生日 생일	たんじょう び 誕生日 생일

ど ようび **土曜日** 토요일	ど よう び 土曜日 토요일	ど よう び 土曜日 토요일	ど よう び 土曜日 토요일	ど よう び 土曜日 토요일

せい しゅん **青春** 청춘	せい しゅん 青春 청춘	せい しゅん 青春 청춘	せい しゅん 青春 청춘	せい しゅん 青春 청춘

▶ **〜は いつですか** 〜은(는) 언제입니까?

先生の お誕生日は いつですか。 선생님의 생신은 언제입니까?

先生の お誕生日は いつですか。 선생님의 생신은 언제입니까?

▶ **〜は 〜月〜日です** 〜은(는) 〜월〜일입니다

私の 誕生日は ７月３１日です。 제 생일은 7월 31일입니다

私の 誕生日は ７月３１日です。 제 생일은 7월 31일입니다

▶ **〜は 〜曜日です** 〜은(는) 〜요일입니다

誕生日は 来週の 土曜日です。 생일은 다음 주 토요일입니다

誕生日は 来週の 土曜日です。 생일은 다음 주 토요일입니다

▶ **おいくつですか** 몇 살입니까?

失礼ですが、おいくつですか。 실례지만 몇 살이세요?

失礼ですが、おいくつですか。 실례지만 몇 살이세요?

失礼ですが、おいくつですか。 실례지만 몇 살이세요?

▶ ~は いつですか　~은(는) 언제입니까?

先生の お誕生日は いつですか。

先生の お誕生日は いつですか。

▶ ~は ~月~日です　~은(는) ~월~일입니다

私の 誕生日は ７月３１日です。

私の 誕生日は ７月３１日です。

▶ ~は ~曜日です　~은(는) ~요일입니다

誕生日は 来週の 土曜日です。

誕生日は 来週の 土曜日です。

▶ おいくつですか　몇 살입니까?

失礼ですが、おいくつですか。

失礼ですが、おいくつですか。

失礼ですが、おいくつですか。

失礼ですが、おいくつですか。

단어 쓰기

おお 大きい 크다	おお 大きい 크다	おお 大きい 크다	おお 大きい 크다	おお 大きい 크다

ちい 小さい 작다	ちい 小さい 작다	ちい 小さい 작다	ちい 小さい 작다	ちい 小さい 작다

たか 高い 비싸다, 높다	たか 高い 비싸다, 높다	たか 高い 비싸다, 높다	たか 高い 비싸다, 높다	たか 高い 비싸다, 높다

やす 安い 싸다	やす 安い 싸다	やす 安い 싸다	やす 安い 싸다	やす 安い 싸다

ちか 近い 가깝다	ちか 近い 가깝다	ちか 近い 가깝다	ちか 近い 가깝다	ちか 近い 가깝다

とお 遠い 멀다	とお 遠い 멀다	とお 遠い 멀다	とお 遠い 멀다	とお 遠い 멀다

むずか 難しい 어렵다	むずか 難しい 어렵다	むずか 難しい 어렵다	むずか 難しい 어렵다	むずか 難しい 어렵다

やさしい 쉽다	やさしい 쉽다	やさしい 쉽다	やさしい 쉽다

あつ 暑い 덥다	あつ 暑い 덥다	あつ 暑い 덥다	あつ 暑い 덥다	あつ 暑い 덥다
さむ 寒い 춥다	さむ 寒い 춥다	さむ 寒い 춥다	さむ 寒い 춥다	さむ 寒い 춥다
あつ 熱い 뜨겁다	あつ 熱い 뜨겁다	あつ 熱い 뜨겁다	あつ 熱い 뜨겁다	あつ 熱い 뜨겁다
つめ 冷たい 차갑다	つめ 冷たい 차갑다	つめ 冷たい 차갑다	つめ 冷たい 차갑다	つめ 冷たい 차갑다
から 辛い 맵다	から 辛い 맵다	から 辛い 맵다	から 辛い 맵다	から 辛い 맵다
あま 甘い 달다	あま 甘い 달다	あま 甘い 달다	あま 甘い 달다	あま 甘い 달다
ドラマ 드라마	ドラマ 드라마	ドラマ 드라마	ドラマ 드라마	ドラマ 드라마
キムチ 김치	キムチ 김치	キムチ 김치	キムチ 김치	キムチ 김치

▶ い형용사 기본형 + ですか   ~습니까?

日本語の 勉強は 楽しいですか。

일본어 공부는 즐겁습니까?

日本語の 勉強は 楽しいですか。

일본어 공부는 즐겁습니까?

▶ い형용사 기본형 + 명사   ~한 명사

怖い 先生ですか。

무서운 선생님입니까?

怖い 先生ですか。

무서운 선생님입니까?

▶ い형용사 어간 + くないです   ~(하)지 않습니다

ぜんぜん 怖くないです。

전혀 무섭지 않습니다.

ぜんぜん 怖くないです。

전혀 무섭지 않습니다.

▶ い형용사 어간 + くて   ~(하)고

優しくて おもしろい 先生です。

상냥하고 재미있는 선생님입니다.

優しくて おもしろい 先生です。

상냥하고 재미있는 선생님입니다.

優しくて おもしろい 先生です。

상냥하고 재미있는 선생님입니다.

▶ い형용사 기본형 + ですか　～습니까?

日本語の　勉強は　楽しいですか。

日本語の　勉強は　楽しいですか。

▶ い형용사 기본형 + 명사　～한 명사

怖い　先生ですか。

怖い　先生ですか。

怖い　先生ですか。

怖い　先生ですか。

▶ い형용사 어간 + くないです　～(하)지 않습니다

ぜんぜん　怖くないです。

ぜんぜん　怖くないです。

ぜんぜん　怖くないです。

ぜんぜん　怖くないです。

▶ い형용사 어간 + くて　～(하)고

優しくて　おもしろい　先生です。

優しくて　おもしろい　先生です。

優しくて　おもしろい　先生です。

優しくて　おもしろい　先生です。

단어 쓰기

てん いん **店員** 점원	てん いん 店員 점원	てん いん 店員 점원	てん いん 店員 점원	てん いん 店員 점원
まち **町** 마을	まち 町 마을	まち 町 마을	まち 町 마을	まち 町 마을
しん せつ **親切だ** 친절하다	しん せつ 親切だ 친절하다	しん せつ 親切だ 친절하다	しん せつ 親切だ 친절하다	しん せつ 親切だ 친절하다
しず **静かだ** 조용하다	しず 静かだ 조용하다	しず 静かだ 조용하다	しず 静かだ 조용하다	しず 静かだ 조용하다
げん き **元気だ** 건강하다	げん き 元気だ 건강하다	げん き 元気だ 건강하다	げん き 元気だ 건강하다	げん き 元気だ 건강하다
たい せつ **大切だ** 소중하다	たい せつ 大切だ 소중하다	たい せつ 大切だ 소중하다	たい せつ 大切だ 소중하다	たい せつ 大切だ 소중하다
べん り **便利だ** 편리하다	べん り 便利だ 편리하다	べん り 便利だ 편리하다	べん り 便利だ 편리하다	べん り 便利だ 편리하다
らく **楽だ** 편하다	らく 楽だ 편하다	らく 楽だ 편하다	らく 楽だ 편하다	らく 楽だ 편하다

じょうぶ 丈夫だ 튼튼하다	じょうぶ 丈夫だ 튼튼하다	じょうぶ 丈夫だ 튼튼하다	じょうぶ 丈夫だ 튼튼하다	じょうぶ 丈夫だ 튼튼하다
じょうず 上手だ 잘한다	じょうず 上手だ 잘한다	じょうず 上手だ 잘한다	じょうず 上手だ 잘한다	じょうず 上手だ 잘한다
へた 下手だ 서툴다	へた 下手だ 서툴다	へた 下手だ 서툴다	へた 下手だ 서툴다	へた 下手だ 서툴다
りっぱ 立派だ 훌륭하다	りっぱ 立派だ 훌륭하다	りっぱ 立派だ 훌륭하다	りっぱ 立派だ 훌륭하다	りっぱ 立派だ 훌륭하다
ひま 暇だ 한가하다	ひま 暇だ 한가하다	ひま 暇だ 한가하다	ひま 暇だ 한가하다	ひま 暇だ 한가하다
かんたん 簡単だ 간단하다	かんたん 簡単だ 간단하다	かんたん 簡単だ 간단하다	かんたん 簡単だ 간단하다	かんたん 簡単だ 간단하다
こうえん 公園 공원	こうえん 公園 공원	こうえん 公園 공원	こうえん 公園 공원	こうえん 公園 공원
けしき 景色 경치	けしき 景色 경치	けしき 景色 경치	けしき 景色 경치	けしき 景色 경치

▶ な형용사 어간 + ですか　～합니까(의문형)

あの 病院（びょういん）は 有名（ゆうめい）ですか。　　저 병원은 유명합니까?

あの 病院（びょういん）は 有名（ゆうめい）ですか。　　저 병원은 유명합니까?

▶ な형용사 어간 + じゃないです　～(하)지 않습니다(부정형)

あまり 有名（ゆうめい）じゃないです。　　별로 유명하지 않습니다.

あまり 有名（ゆうめい）じゃないです。　　별로 유명하지 않습니다.

▶ な형용사 어간 + で　～(하)고(나열형)

とても 親切（しんせつ）で、駅（えき）からも 近（ちか）いです。　　매우 친절하고 역에서도 가깝습니다.

とても 親切（しんせつ）で、駅（えき）からも 近（ちか）いです。　　매우 친절하고 역에서도 가깝습니다.

▶ な형용사 어간 な + 명사　～한 명사 (수식형)

すてきな お医者先生（いしゃせんせい）です。　　멋진 의사선생님입니다.

すてきな お医者先生（いしゃせんせい）です。　　멋진 의사선생님입니다.

すてきな お医者先生（いしゃせんせい）です。　　멋진 의사선생님입니다.

▶ な형용사 어간 + ですか　　~합니까(의문형)

あの 病院_{びょういん}は 有名_{ゆうめい}ですか。　　あの 病院_{びょういん}は 有名_{ゆうめい}ですか。

あの 病院_{びょういん}は 有名_{ゆうめい}ですか。　　あの 病院_{びょういん}は 有名_{ゆうめい}ですか。

▶ な형용사 어간 + じゃないです　　~(하)지 않습니다(부정형)

あまり 有名_{ゆうめい}じゃないです。　　あまり 有名_{ゆうめい}じゃないです。

あまり 有名_{ゆうめい}じゃないです。　　あまり 有名_{ゆうめい}じゃないです。

▶ な형용사 어간 + で　　~(하)고(나열형)

とても 親切_{しんせつ}で、駅_{えき}からも 近_{ちか}いです。

とても 親切_{しんせつ}で、駅_{えき}からも 近_{ちか}いです。

▶ な형용사 어간 な + 명사　　~한 명사 (수식형)

私_{わたし}の 趣味_{しゅみ}は ゴルフと 旅行_{りょこう}です。

私_{わたし}の 趣味_{しゅみ}は ゴルフと 旅行_{りょこう}です。

私_{わたし}の 趣味_{しゅみ}は ゴルフと 旅行_{りょこう}です。

私_{わたし}の 趣味_{しゅみ}は ゴルフと 旅行_{りょこう}です。

단어 쓰기

好きだ 좋아하다	す 好きだ 좋아하다	す 好きだ 좋아하다	す 好きだ 좋아하다	す 好きだ 좋아하다
嫌いだ 싫어하다	きら 嫌いだ 싫어하다	きら 嫌いだ 싫어하다	きら 嫌いだ 싫어하다	きら 嫌いだ 싫어하다
四季 사계, 사계절	し き 四季 사계, 사계절	し き 四季 사계, 사계절	し き 四季 사계, 사계절	し き 四季 사계, 사계절
季節 계절	き せつ 季節 계절	き せつ 季節 계절	き せつ 季節 계절	き せつ 季節 계절
外国語 외국어	がい こく ご 外国語 외국어	がい こく ご 外国語 외국어	がい こく ご 外国語 외국어	がい こく ご 外国語 외국어
運動 운동	うん どう 運動 운동	うん どう 運動 운동	うん どう 運動 운동	うん どう 運動 운동
歌 노래	うた 歌 노래	うた 歌 노래	うた 歌 노래	うた 歌 노래
山 산	やま 山 산	やま 山 산	やま 山 산	やま 山 산

うみ 海 바다	うみ 海 바다	うみ 海 바다	うみ 海 바다	うみ 海 바다
とも 友だち 친구	とも 友だち 친구	とも 友だち 친구	とも 友だち 친구	とも 友だち 친구
いち ばん 一番 가장, 제일	いち ばん 一番 가장, 제일	いち ばん 一番 가장, 제일	いち ばん 一番 가장, 제일	いち ばん 一番 가장, 제일
と し 都市 도시	と し 都市 도시	と し 都市 도시	と し 都市 도시	と し 都市 도시
はる 春 봄	はる 春 봄	はる 春 봄	はる 春 봄	はる 春 봄
なつ 夏 여름	なつ 夏 여름	なつ 夏 여름	なつ 夏 여름	なつ 夏 여름
あき 秋 가을	あき 秋 가을	あき 秋 가을	あき 秋 가을	あき 秋 가을
ふゆ 冬 겨울	ふゆ 冬 겨울	ふゆ 冬 겨울	ふゆ 冬 겨울	ふゆ 冬 겨울

▶ ~が 好^すきです　~을(를) 좋아합니다

私^{わたし}は ペットが 好^すきです。　저는 애완동물을 좋아합니다.

私^{わたし}は ペットが 好^すきです。　저는 애완동물을 좋아합니다.

▶ ~と ~と どちらが ~ですか　~하고 ~하고 어느 쪽을 (더) ~하세요?

犬^{いぬ}と 猫^{ねこ}と どちらが 好^すきですか。　개하고 고양이하고
어느 쪽을 (더) 좋아하세요?

犬^{いぬ}と 猫^{ねこ}と どちらが 好^すきですか。　개하고 고양이하고
어느 쪽을 (더) 좋아하세요?

▶ ~方^{ほう} ~です　~쪽/편을(를) ~합니다

犬^{いぬ}の 方^{ほう}が 好^すきです。　개를 (더) 좋아합니다.

犬^{いぬ}の 方^{ほう}が 好^すきです。　개를 (더) 좋아합니다.

▶ ~中^{なか}で ~が 一番^{いちばん} ~です　~중에서 ~을(를) 가장 ~입니다

犬^{いぬ}の 中^{なか}で チワワが 一番^{いちばん} 好^すきです。　개 중에서 치와와를
가장 좋아합니다.

犬^{いぬ}の 中^{なか}で チワワが 一番^{いちばん} 好^すきです。　개 중에서 치와와를
가장 좋아합니다.

犬^{いぬ}の 中^{なか}で チワワが 一番^{いちばん} 好^すきです。　개 중에서 치와와를
가장 좋아합니다.

▶ ～が 好(す)きです　～을(를) 좋아합니다

私(わたし)は ペットが 好(す)きです。　私(わたし)は ペットが 好(す)きです。

私(わたし)は ペットが 好(す)きです。　私(わたし)は ペットが 好(す)きです。

▶ ～と ～と どちらが ～ですか　～하고 ～하고 어느 쪽을 (더) ～하세요?

犬(いぬ)と 猫(ねこ)と どちらが 好(す)きですか。

犬(いぬ)と 猫(ねこ)と どちらが 好(す)きですか。

▶ ～方(ほう) ～です　～쪽/편을(를) ～합니다

犬(いぬ)の 方(ほう)が 好(す)きです。　犬(いぬ)の 方(ほう)が 好(す)きです。

犬(いぬ)の 方(ほう)が 好(す)きです。　犬(いぬ)の 方(ほう)が 好(す)きです。

▶ ～中(なか)で ～が 一番(いちばん) ～です　～중에서 ～을(를) 가장 ～입니다

犬(いぬ)の 中(なか)で チワワが 一番(いちばん) 好(す)きです。

犬(いぬ)の 中(なか)で チワワが 一番(いちばん) 好(す)きです。

犬(いぬ)の 中(なか)で チワワが 一番(いちばん) 好(す)きです。

犬(いぬ)の 中(なか)で チワワが 一番(いちばん) 好(す)きです。

これは 弟の 写真です。 **이것은 남동생 사진입니다.**

かぞく **家族** 가족	かぞく 家族 가족	かぞく 家族 가족	かぞく 家族 가족	かぞく 家族 가족
そふ **祖父** 조부	そふ 祖父 조부	そふ 祖父 조부	そふ 祖父 조부	そふ 祖父 조부
そぼ **祖母** 조모	そぼ 祖母 조모	そぼ 祖母 조모	そぼ 祖母 조모	そぼ 祖母 조모
ちち **父** 아버지	ちち 父 아버지	ちち 父 아버지	ちち 父 아버지	ちち 父 아버지
はは **母** 어머니	はは 母 어머니	はは 母 어머니	はは 母 어머니	はは 母 어머니
あね **姉** 누나, 언니	あね 姉 누나, 언니	あね 姉 누나, 언니	あね 姉 누나, 언니	あね 姉 누나, 언니
あに **兄** 형, 오빠	あに 兄 형, 오빠	あに 兄 형, 오빠	あに 兄 형, 오빠	あに 兄 형, 오빠
おとうと **弟** 남동생	おとうと 弟 남동생	おとうと 弟 남동생	おとうと 弟 남동생	おとうと 弟 남동생

いもうと 妹 여동생	いもうと 妹 여동생	いもうと 妹 여동생	いもうと 妹 여동생	いもうと 妹 여동생
むす こ 息子 아들	むす こ 息子 아들	むす こ 息子 아들	むす こ 息子 아들	むす こ 息子 아들
むすめ 娘 딸	むすめ 娘 딸	むすめ 娘 딸	むすめ 娘 딸	むすめ 娘 딸
しゅ じん 主人 남편	しゅ じん 主人 남편	しゅ じん 主人 남편	しゅ じん 主人 남편	しゅ じん 主人 남편
か ない 家内 아내	か ない 家内 아내	か ない 家内 아내	か ない 家内 아내	か ない 家内 아내
りょう しん 両親 양친	りょう しん 両親 양친	りょう しん 両親 양친	りょう しん 両親 양친	りょう しん 両親 양친
ちょうじょ 長女 장녀	ちょうじょ 長女 장녀	ちょうじょ 長女 장녀	ちょうじょ 長女 장녀	ちょうじょ 長女 장녀
じ なん 次男 차남	じ なん 次男 차남	じ なん 次男 차남	じ なん 次男 차남	じ なん 次男 차남

▶ 弟 (おとうと) (자신의) 남동생

これは 弟(おとうと)の 写真(しゃしん)です。 이것은 남동생 사진입니다.

これは 弟(おとうと)の 写真(しゃしん)です。 이것은 남동생 사진입니다.

▶ 弟(おとうと)さん (당신의, 상대방의) 남동생분

すてきな 弟(おとうと)さんですね。 멋진 남동생분이시네요.

すてきな 弟(おとうと)さんですね。 멋진 남동생분이시네요.

▶ 何人兄弟(なんにんきょうだい) 몇 형제

何人兄弟(なんにんきょうだい)ですか。 몇 형제입니까?

何人兄弟(なんにんきょうだい)ですか。 몇 형제입니까?

▶ 三兄弟(さんきょうだい) 삼형제

兄(あに)とぼく、弟(おとうと) 三兄弟(さんきょうだい)です。 형과 저, 남동생 3형제입니다.

兄(あに)とぼく、弟(おとうと) 三兄弟(さんきょうだい)です。 형과 저, 남동생 3형제입니다.

兄(あに)とぼく、弟(おとうと) 三兄弟(さんきょうだい)です。 형과 저, 남동생 3형제입니다.

▶ 弟 (자신의) 남동생

これは 弟の 写真です。 | これは 弟の 写真です。

これは 弟の 写真です。 | これは 弟の 写真です。

▶ 弟さん (당신의, 상대방의) 남동생분

すてきな 弟さんですね。 | すてきな 弟さんですね。

すてきな 弟さんですね。 | すてきな 弟さんですね。

▶ 何人兄弟 몇 형제

何人兄弟ですか。 | 何人兄弟ですか。

何人兄弟ですか。 | 何人兄弟ですか。

▶ 三兄弟 삼형제

兄とぼく、弟 三兄弟です。

兄とぼく、弟 三兄弟です。

兄とぼく、弟 三兄弟です。

兄とぼく、弟 三兄弟です。

단어 쓰기

まえ 前 앞	まえ 前 앞	まえ 前 앞	まえ 前 앞	まえ 前 앞
うし 後ろ 뒤	うし 後ろ 뒤	うし 後ろ 뒤	うし 後ろ 뒤	うし 後ろ 뒤
うえ 上 위	うえ 上 위	うえ 上 위	うえ 上 위	うえ 上 위
した 下 아래	した 下 아래	した 下 아래	した 下 아래	した 下 아래
よこ 横 옆	よこ 横 옆	よこ 横 옆	よこ 横 옆	よこ 横 옆
となり 隣 이웃	となり 隣 이웃	となり 隣 이웃	となり 隣 이웃	となり 隣 이웃
まわ 回り 주위	まわ 回り 주위	まわ 回り 주위	まわ 回り 주위	まわ 回り 주위
うんてん 運転 운전	うんてん 運転 운전	うんてん 運転 운전	うんてん 運転 운전	うんてん 運転 운전

めん きょ 免許 면허	めん きょ 免許 면허	めん きょ 免許 면허	めん きょ 免許 면허	めん きょ 免許 면허
へ や 部屋 방	へ や 部屋 방	へ や 部屋 방	へ や 部屋 방	へ や 部屋 방
こう ばん 交番 파출소	こう ばん 交番 파출소	こう ばん 交番 파출소	こう ばん 交番 파출소	こう ばん 交番 파출소
ちゅう しゃ じょう 駐車場 주차장	ちゅう しゃ じょう 駐車場 주차장	ちゅう しゃ じょう 駐車場 추차장	ちゅう しゃ じょう 駐車場 주차장	ちゅう しゃ じょう 駐車場 주차장
じゅう みん 住民 주민	じゅう みん 住民 주민	じゅう みん 住民 주민	じゅう みん 住民 주민	じゅう みん 住民 주민

センター 센터	センター 센터	センター 센터
アパート 아파트	アパート 아파트	アパート 아파트
カフェー 카페	カフェー 카페	カフェー 카페

▶ ～は どこですか　～은(는) 어디입니까?

お手洗いは どこですか。　　　화장실은 어디입니까?

お手洗いは どこですか。　　　화장실은 어디입니까?

▶ ～に あります　～에 있습니다(사물, 무생물)

あちらの 方に あります。　　　저쪽 편에 있습니다.

あちらの 方に あります。　　　저쪽 편에 있습니다.

▶ ～は どこに いますか　～은(는) 어디에 있습니까?(사람, 동물)

田中さんは どこに いますか。　　다나카 씨는 어디에 있습니까?

田中さんは どこに いますか。　　다나카 씨는 어디에 있습니까?

▶ ～の 前に いますか　～(의) 앞에 있습니다

お店の 前に います。　　　가게 앞에 있습니다.

お店の 前に います。　　　가게 앞에 있습니다.

お店の 前に います。　　　가게 앞에 있습니다.

▶ **〜は どこですか** 〜은(는) 어디입니까?

お手洗いは どこですか。	お手洗いは どこですか。
お手洗いは どこですか。	お手洗いは どこですか。

▶ **〜に あります** 〜에 있습니다(사물, 무생물)

あちらの 方に あります。	あちらの 方に あります。
あちらの 方に あります。	あちらの 方に あります。

▶ **〜は どこに いますか** 〜은(는) 어디에 있습니까?(사람, 동물)

田中さんは どこに いますか。

田中さんは どこに いますか。

▶ **〜の 前に いますか** 〜(의) 앞에 있습니다

お店の 前に います。	お店の 前に います。
お店の 前に います。	お店の 前に います。
お店の 前に います。	お店の 前に います。
お店の 前に います。	お店の 前に います。

단어 쓰기

あ 会う 만나다	あ 会う 만나다	あ 会う 만나다	あ 会う 만나다	あ 会う 만나다
い 行く 가다	い 行く 가다	い 行く 가다	い 行く 가다	い 行く 가다
およ 泳ぐ 헤엄치다	およ 泳ぐ 헤엄치다	およ 泳ぐ 헤엄치다	およ 泳ぐ 헤엄치다	およ 泳ぐ 헤엄치다
はな 話す 이야기하다	はな 話す 이야기하다	はな 話す 이야기하다	はな 話す 이야기하다	はな 話す 이야기하다
ま 待つ 기다리다	ま 待つ 기다리다	ま 待つ 기다리다	ま 待つ 기다리다	ま 待つ 기다리다
し 死ぬ 죽다	し 死ぬ 죽다	し 死ぬ 죽다	し 死ぬ 죽다	し 死ぬ 죽다
あそ 遊ぶ 놀다	あそ 遊ぶ 놀다	あそ 遊ぶ 놀다	あそ 遊ぶ 놀다	あそ 遊ぶ 놀다
よ 読む 읽다	よ 読む 읽다	よ 読む 읽다	よ 読む 읽다	よ 読む 읽다

の 乗る 타다	の 乗る 타다	の 乗る 타다	の 乗る 타다	の 乗る 타다
はい 入る 들어가다	はい 入る 들어가다	はい 入る 들어가다	はい 入る 들어가다	はい 入る 들어가다
かえ 帰る 돌아가(오)다	かえ 帰る 돌아가(오)다	かえ 帰る 돌아가(오)다	かえ 帰る 돌아가(오)다	かえ 帰る 돌아가(오)다
し 知る 알다	し 知る 알다	し 知る 알다	し 知る 알다	し 知る 알다
み 見る 보다	み 見る 보다	み 見る 보다	み 見る 보다	み 見る 보다
お 起きる 일어나다	お 起きる 일어나다	お 起きる 일어나다	お 起きる 일어나다	お 起きる 일어나다
ね 寝る 자다	ね 寝る 자다	ね 寝る 자다	ね 寝る 자다	ね 寝る 자다
く 来る 오다	く 来る 오다	く 来る 오다	く 来る 오다	く 来る 오다

▶ 동사의 ます형 + か　～습니까?(동사의 정중한 의문형)

毎朝　朝ご飯を　食べますか。　　　　　매일 아침 아침밥을 먹습니까?

毎朝　朝ご飯を　食べますか。　　　　　매일 아침 아침밥을 먹습니까?

▶ ～ません　～(하)지 않습니다(동사의 정중한 부정형)

いいえ、食べません。　　　　　　　　아뇨, 먹지 않습니다.

いいえ、食べません。　　　　　　　　아뇨, 먹지 않습니다.

▶ ～ませんでしたか　～(하)지 않았습니까?(동사의 과거 부정의문형)

今朝も　朝ご飯　食べませんでしたか。　오늘 아침도 아침밥을
　　　　　　　　　　　　　　　　　　　먹지 않았습니까?

今朝も　朝ご飯　食べませんでしたか。　오늘 아침도 아침밥을
　　　　　　　　　　　　　　　　　　　먹지 않았습니까?

▶ ～ました　～었습니다(동사의 정중한 과거형)

コーヒーだけ　飲みました。　　　　　커피만 마셨습니다.

コーヒーだけ　飲みました。　　　　　커피만 마셨습니다.

コーヒーだけ　飲みました。　　　　　커피만 마셨습니다.

▶ **동사의 ます형 ＋ か** ～습니까?(동사의 정중한 의문형)

毎朝 朝ご飯を 食べますか。

毎朝 朝ご飯を 食べますか。

▶ **～ません** ～(하)지 않습니다(동사의 정중한 부정형)

いいえ、食べません。	いいえ、食べません。
いいえ、食べません。	いいえ、食べません。

▶ **～ませんでしたか** ～(하)지 않았습니까?(동사의 과거 부정의문형)

今朝も 朝ご飯 食べませんでしたか。

今朝も 朝ご飯 食べませんでしたか。

▶ **～ました** ～었습니다(동사의 정중한 과거형)

コーヒーだけ 飲みました。

コーヒーだけ 飲みました。

コーヒーだけ 飲みました。

コーヒーだけ 飲みました。

단어 쓰기

しょく じ 食事 식사	しょく じ 食事 식사	しょく じ 食事 식사	しょく じ 食事 식사	しょく じ 食事 식사

ある 歩く 걷다	ある 歩く 걷다	ある 歩く 걷다	ある 歩く 걷다	ある 歩く 걷다

き 聞く 듣다	き 聞く 듣다	き 聞く 듣다	き 聞く 듣다	き 聞く 듣다

か 書く 쓰다	か 書く 쓰다	か 書く 쓰다	か 書く 쓰다	か 書く 쓰다

やす 休む 쉬다	やす 休む 쉬다	やす 休む 쉬다	やす 休む 쉬다	やす 休む 쉬다

うた 歌う 노래하다	うた 歌う 노래하다	うた 歌う 노래하다	うた 歌う 노래하다	うた 歌う 노래하다

と 撮る (사진을) 찍다	と 撮る (사진을) 찍다	と 撮る (사진을) 찍다	と 撮る (사진을) 찍다	と 撮る (사진을) 찍다

わら 笑う 웃다	わら 笑う 웃다	わら 笑う 웃다	わら 笑う 웃다	わら 笑う 웃다

お酒 さけ 술	お酒 さけ 술	お酒 さけ 술	お酒 さけ 술	お酒 さけ 술
喫茶店 きっさてん 찻집, 커피숍	喫茶店 きっさてん 찻집, 커피숍	喫茶店 きっさてん 찻집, 커피숍	喫茶店 きっさてん 찻집, 커피숍	喫茶店 きっさてん 찻집, 커피숍
映画館 えいがかん 영화관	映画館 えいがかん 영화관	映画館 えいがかん 영화관	映画館 えいがかん 영화관	映画館 えいがかん 영화관
乾杯 かんぱい 건배	乾杯 かんぱい 건배	乾杯 かんぱい 건배	乾杯 かんぱい 건배	乾杯 かんぱい 건배
連絡 れんらく 연락	連絡 れんらく 연락	連絡 れんらく 연락	連絡 れんらく 연락	連絡 れんらく 연락

ドライブ 드라이브	ドライブ 드라이브	ドライブ 드라이브

ジョギング 조깅	ジョギング 조깅	ジョギング 조깅

デート 데이트	デート 데이트	デート 데이트	デート 데이트	デート 데이트

▶ **～でも　～ませんか**　～라도 ～지 않을래요?(않겠습니까?)

ちょっと　お茶でも　しませんか。　　잠깐 차라도 마시지 않을래요?

ちょっと　お茶でも　しませんか。　　잠깐 차라도 마시지 않을래요?

▶ **～ましょうか**　～할까요?

何時に　どこで　会いましょうか。　　몇 시에 어디서 만날까요?

何時に　どこで　会いましょうか。　　몇 시에 어디서 만날까요?

▶ **どうですかす**　어떻습니까?

午後　3時　喫茶店で、どうですか。　　오후 3시 찻집에서 어떻습니까?

午後　3時　喫茶店で、どうですか。　　오후 3시 찻집에서 어떻습니까?

▶ **～ましょう**　～합시다

今日は　遅くまで　楽しく　遊びましょう。　　오늘은 늦게까지 즐겁게 놉시다.

今日は　遅くまで　楽しく　遊びましょう。　　오늘은 늦게까지 즐겁게 놉시다.

今日は　遅くまで　楽しく　遊びましょう。　　오늘은 늦게까지 즐겁게 놉시다.

▶ ～でも ～ませんか　　～라도 ～지 않을래요?(않겠습니까?)

ちょっと お茶<small>ちゃ</small>でも しませんか。

ちょっと お茶<small>ちゃ</small>でも しませんか。

▶ ～ましょうか　　～할까요?

何時<small>なんじ</small>に どこで 会<small>あ</small>いましょうか。

何時<small>なんじ</small>に どこで 会<small>あ</small>いましょうか。

▶ どうですか　　어떻습니까?

午後<small>ごご</small> 3時<small>さんじ</small> 喫茶店<small>きっさてん</small>で、どうですか。

午後<small>ごご</small> 3時<small>さんじ</small> 喫茶店<small>きっさてん</small>で、どうですか。

▶ ～ましょう　　～합시다

今日<small>きょう</small>は 遅<small>おそ</small>くまで 楽<small>たの</small>しく 遊<small>あそ</small>びましょう。

今日<small>きょう</small>は 遅<small>おそ</small>くまで 楽<small>たの</small>しく 遊<small>あそ</small>びましょう。

今日<small>きょう</small>は 遅<small>おそ</small>くまで 楽<small>たの</small>しく 遊<small>あそ</small>びましょう。

今日<small>きょう</small>は 遅<small>おそ</small>くまで 楽<small>たの</small>しく 遊<small>あそ</small>びましょう。

memo

memo